KB103916

앞으로 10년,
대한민국
부동산

2019~2029

트러스트북스

책을 읽기 전,
궁금증으로 목말라하는
독자들을 위한 메시지

저자와의 인터뷰

앞으로 10년, 대한민국 부동산에 어떤 일이 일어나는가?

인터뷰어 : 기획총괄 윤장래
인터뷰이 : 김장섭(조던)

새로운 이야기가 필요했다. 세상이 변하고 있다. 단편적인 부동산 분석이나 뒷정리 식의 부동산 전망이 아닌 앞으로 10년 정도는 유효한 대한민국 부동산 이야기가 필요했다.

"나는 우리 시대의 가장 큰 문제가 세상이 변했는데도 새로운 언어가 생기지 않는 것, 다시 말하면 과거의 틀 안에 갇혀 있는 것이라고 생각한다." 2017년 12월 서강대 최진석 교수가 대학을 떠나면서 남긴 말이다.

이 책은, 앞으로 10년(2019~2029) 한국부동산에 대한 이야기다. 그동안 부동산 이야기는 답이 정해져 있었다. 시장에 이미 들어 온 사람들은 오를 것이다. 아직 시장에 진입하지 못한 사람들은 내릴 것이다. 그렇게 하면 됐다. 대개는 시장에 들어온 사람들이 이기는 게임이었다.

2016년에 『대한민국 부동산의 미래』를 출간했다. 다가올 10년은 다른 조건에서 부동산 시장이 움직일 것이다. 이제는 선택에 대한 수정을 할 시간적인 여유가 없다. 그래서 2019년 초두에, 한국 부동산의 미래에 대한 이야기를 하려고 한다.

Q. 최근 3기 신도시 건설계획이 전격 발표되었습니다. 3기 신도시 건설로 서울의 수요를 대체할 수 있을까요? 또, 부동산 시장에는 어떤 영향이 예상됩니까?

A. 서울과 가까운 과천 정도만 어느 정도 서울의 수요를 분산하겠지만 다른 3기 신도시들은 의문부호가 남는 게 사실입니다. 이유는 서울의 수요가 어떤 것인지 제대로 파악하지 못했기 때문인데요. 서울의 수요란 무엇입니까? 바로 세계화에 따른 지방공장의 해외이전입니다.

세계화가 진행되면서 지방공장은 인건비 절감과 관세 등으로 해외로 빠져 나가고 있습니다. 이미 상당 부분 진행이 되었죠. 그러나 서울은 대기업의 본사와 R&D 등으로 인하여 오히려 더욱 집중되는 결과를 만들어 냈습니다.

대기업 본사나 R&D 인력은 고급인력입니다. 이들은 고학력에 자녀교육에도 관심이 많습니다. 이들의 욕구를 충족시키려면 4년제 대학이 많아야 하고 인구가 집중되어야 합니다. 인구가 집중되어야 하는 이유는 구인, 구직하는 양자가 모두 윈윈(win win)이 되기 때문입니다.

예를 들어 미팅사이트에서 100명의 여자와 남자만이 있는 사이트보다는 10만 명의 여자와 남자가 있는 사이트가 내 이상형을 찾기 쉽겠죠. 이런 구조가 바로 대기업 본사나 R&D센터에서 원하는 구조입니다. 그런 곳은 필히 대도시여야 하고 인구도 많아야 합니다. 그런 곳은 현재 대한민국에 서울 빼고는 없습니다.

그러니 서울은 대기업 본사가 있어서 사람들이 몰린다는 얘기인데 현재 서울에 있는 대기업 본사는 100개 중 64개입니다. 그러니 경기도권에서는 서울로 출퇴근 하려는 수요가 넘쳐나죠. 그 중에서도 대기업 본사가 많은 서울 강남, 서울 시청 인근에 대규모 주택공급이 가능해야 합니다. 상황이 이러한데 현재 3기 신도시는 과천을 제외하고 이러한 수요를 충족할지 의문이 듭니다.

Q. "재생될 수 없다면 언젠가는 죽을 수밖에 없고, 쓰고 나면 버려지는 소비재일 뿐이다. 주택도, 상가도 재건축, 재개발을 할 수 없으면 소비재다. 25층 아파트가 재건축이 되지 않으면 어떻게 되나?" 이 부분 원고를 읽다가 그만 페이지를 넘기지 못하고 멈추고 말았습니다. 바로 저의 이야기였기 때문입니다. 추가적인 설명 부탁드립니다.

A. 사람들은 미래를 걱정하고 대비하는 것처럼 말을 하지만, 사실 투자에 있어서만큼은 미래를 예측하지 못하는 경향이 짙습니다. 현재에 몰두하죠.

줄리앙 사블레스크는 그래서 인간은 민주주의를 하지 않는 것이 좋다고도 얘기했습니다. 왜냐하면 포퓰리즘에 휘둘려 단기적인 경기부양 및 복지정책을 남발하는 정당에 표를 몰아줄 우려가 높기 때문이죠.

인간 뇌의 진화는 이미 10만 년 전에 끝났습니다. 4차 산업혁명 시대를 살고 있는 우리는 아직도 그 당시 수렵채집의 뇌에서 벗어나지 못하고 있습니다.

우리나라 사람들은 대부분 거주하는 공간이 아파트죠. 그런데 아파트는 다시 재활용해서 쓰기가 힘듭니다. 단독주택은 허물고 다시 짓기가 그리 힘든 일이 아니지만 아파트는 공동주택이므로 힘든 일이 한두 가지가 아닙니다.

그래도 예전에는 아파트를 5층 정도로 지으면서 향후 용적률 상향으로 인해 일반분양을 많이 뽑아 사업성을 맞추는 식의 재건축이 가능했습니다. 하지만 90년대 이후 지어진 아파트는 고층으로 지어져 이러한 재건축도 불가능해졌습니다.

그러니 이런 식의 아파트 공급은 향후 10년 후면 사회적으로 문제를 일으키게 됩니다. 왜냐하면 1990년도부터 1기 신도시가 시작되었고 내년이면 거의 30년이 다 되기 때문입니다. 문제가 되는 것은 아파트의 수명이 40년이라는 점입니다.

재건축 연한이 30년인 이유도 다른 이유 때문이 아니라 이러한 아파트 수명을 고려한 결과입니다. 30년 정도 되었을 때 안전진단을 하고 이후 10년 동안 조합을 설립하고 사업을 추진해서 재건축을 추진하면 얼추 40년이 맞춰지죠.

그런데 1기 신도시만 하더라도 40년이 넘어도 재건축이 안 되는 아파트가 허다할 것입니다. 용적률 때문이죠. 이와 관련된 보다 자세한 이야기는 책에 써놓았습니다.

임대 아파트도 지어야 하고 사업성도 어느 정도 있어야 하는데 그런 아파트는 서울이라 할지라도 소규모 단지는 힘듭니다. 강남 정도는 되어야 하고 그것도 대단지가 아니면 재건축이 안 되는 것입니다. 그래서 잘 생각해보면 재건축 아파트 하면 떠오르는 곳은 압구정 현대, 대치동 은마, 잠실주공 5단지 등이죠.

하나 같이 대단지 중층 아파트라는 데 공통점이 있습니다. 이 말은 강남도 중층은 대단지가 아니면 재건축이 쉽지 않다는 뜻입니다. 그런데 하물며 경기권 중층 아파트야 두말 할 필요가 없죠. 사업성이 나오지 않습니다.

지금은 현실이 되지 않았기 때문에 체감하기 어려울 수 있습니다. 하지만 1기 신도시가 40년이 되는 10년 후가 되면 사람들도 깨닫게 될 것입니다. '아 결국 재건축이 안 되는 것이었구나' 하고 말이죠.

하지만 대부분의 사람이 깨닫는 시점은 이미 늦은 타이밍이라는 데 문제가 있습니다. 세입자들은 집을 나갈 것이고, 집주인은 역전세난이나 또는 내놓는 집 때문에 집값이 떨어져 은행에 담보가치가 떨어질 가능성이 큽니다.

이러한 일을 앞두고 어떤 대책을 세울 수 있을까요? 선진국의 사례를 보면 됩니다. 두 가지인데 모두 유럽의 사례입니다. 하나는 서유럽, 또 하나는 동유럽이죠.

서유럽은 잘 사는 곳이고 동유럽은 못 사는 곳입니다. 잘 사는 서유럽은 재건축이 되지 않는 중층 아파트를 매입해서 수리를 한 후 임대아파트로 재임대를 했습니다. 문제가 해결되었죠. 문제는 동유럽입니다. 이들은 서유럽처럼 할 자본이 없기 때문에 건물이 방치되다시피 했고, 영화 세트장으로 쓰이고 있습니다.

만약 서유럽처럼 나라에서 매입을 해주면 다행이지만 이웃나라 일본도 못하고 있는 형편입니다. 그래서 다마신도시처럼 도시 전체가 죽어가고 있습니다. 따라서 개인적인 대책으로는 중층 아파트가 40년이 되기 전에 빨리 다른 사람에게 넘기는 것이 최선이라고 봐야 합니다.

Q. 2016년 집필하신 『대한민국 부동산의 미래』에서는 서울강남 중심으로 제1기 신도시(20km)까지는 투자 안전지대로 분류하셨었는데요. 2019년에는 어떤가요? 그대로 유효한가요?

A. 그 때는 일본의 다마신도시가 도쿄 중심에서 30km 정도 떨어져 있고 아직 재건축 이슈가 없었을 때라 경기권도 어느 정도 주거환경이 좋고 교통여건이 좋은 곳은 가격 상승이 있을 것으로 보았습니다. 그러나 현재는 서울의 2호선 역세권 라인으로 좁히는 것이 더 낫다고 판단합니다.

이유는 서울의 2호선 역세권 라인도 가격이 그리 높지 않습니다. 물론 아파트 가격은 높지만 앞으로 재개발이 될 만한 빌라나 단독주택 그리고 1인가구 트렌드 변화에 따른 역세권 오피스텔, 주상복합은 셰어하우스 용도로 괜찮을 것 같습니다.

물론 서울의 아파트는 차별적이겠지만 신규 분양 아파트나 재건축 아파트(새 아파트가 될 만한 아파트) 위주로 올라 가격상승도 기대할 수 있습니다. 따라서 신도시보다는 서울에 집을 사는 편이 더 안전하고 싸다고 볼 수 있습니다.

Q. 우리 모두 실패하는 투자가 아니라 성공하는 투자를 해야 하는데요. 앞으로 10년 대한민국 부동산 투자에서 꼭 확인해야 할 부분이 있을까요? 성공투자를 하려면 이것만은 반드시 체크하고 넘어가자. 어떤 것이 있을까요?

A. 내가 좋아하는 부동산이 아니라 남이 좋아하는 부동산을 사야 성공합니다.

내가 좋아하는 부동산은 내 집 근처의 부동산입니다. 바꿔 말하면, 좋은 곳이어서 좋아하는 것이 아니라, 내가 살고 있는 동네니까 좋아하는 것입니다. 즉 내 눈에는 좋은 동네로 보이지만, 남들 눈에는 별로인 동네가 대부분입니다.

집 값 상위 부동산은 내가 살고 있는 곳과 다른 곳일 경우가 많습니다. 모든 것은 '가격'이라는 지표에 모두 나타납니다. 예를 들어 영등포의 32평 A아파트와 마포의 32평 B아파트가 있다고 합시다. 그런데 이 두 아파트 중 어떤 아파트가 좋은 아파트냐고 물어보면 사람들은 학군, 역세권, 위치, 로얄층 여부, 향, 구조 등을 모두 따진 다음 대답을 내놓습니다.

하지만 그럴 필요가 없습니다. 어디 아파트가 비싸냐? 하고 물어봐서 더 비싼 아파트가 살기 좋은 아파트입니다. 우리가 따지는 모든 요소들이 '가격'이라는 지표에 모두 녹아들어가기 때문입니다. 결국 내가 사는 곳이 집 값 상위 아파트와 거리감이 있을수록 사실은 살기 좋은 아파트가 아닐 수 있다는 사실을 깨달아야 합니다.

왜 이런 괴리가 일어날까요? 그것은 내가 가진 돈이 형편없이 적기 때문입니다. 마치 수능시험을 치고 성적을 가지고 정시원서를 쓰는 것과 같습니다. 만약 수능 만점을 맞았다면 어느 대학, 어느 과에 원서를 내면 될까요? 대부분은 요즘 인기가 높은 의대 혹은 서울대를 쓸 것입니다. 그런데 왜 배치표와 씨름을 합니까? 내 성적이 크게 못 미치기 때문입니다. 그래서 이 대학과 이 학과는 무엇이 좋고 무엇이 나쁜지를 따지는 것입니다.

결국 비싼 아파트가 남들 보기에도 좋은 아파트라는 결론이 나옵니다. 그런데 앞으로는 이에 덧붙여서 재건축 여부를 또 따져야 합니다. 10년 후에 재건축이 안 되는 폭탄을 맞지 않으려면 말이죠.
그래서 가진 돈이 많지 않다면 적은 돈으로도 좋은 아파트가 될 수 있는 남들이 선호하는 입지의 재개발 정도가 대안이 되지 않을까 합니다.

Q. 책을 보면 최악의 시나리오와 최상의 시나리오가 나옵니다. 집을 가진 사람에게도, 사려는 사람에게도 모두 중요한 핵심이라 생각합니다. 앞으로 10년, 부동산 투자에서 무엇이 최상이며, 최상의 방법을 알았다면, 어떤 투자를 해야 할까요?

A. 투자와 거주를 분리해야 합니다. 거주는 직장과 가까운 곳에 하거나 애들이 커서 큰 집을 원한다면 월세나 전세로 사는 것도 나쁘지 않습니다. 다만 집이 큰 만큼 출퇴근 하는 거리는 늘어날 수 있습니다. 투자에 있어서는 남들이 선호하는 입지의 부동산을 사 놓는 것이 좋다고 생각합니다. 가진 돈에 맞춰서 투자와 거주를 동시에 생각하다 보니 오르지 않는 부동산을 사게 되는 것입니다. 투자는 서울의 2호선 역세권 라인이 될 것입니다.

Q. "투자에서 크게 성공하려면 '왜'(why)라는 물음을 통해 반드시 이해하는 과정을 거쳐 내 것으로 만들어야 한다. '왜'(why)가 없다면 한 번도 성공하지 못하거나, 성공하더라도 작은 성공에 그치고 만다. 나는 강의를 할 때도 '왜(why) 이것을 해야 하는지?' 그리고 '앞으로 왜(why) 해야 하는지?', '어떻게 이런 과정이 나왔는지' 반드시 설명한다."
책 내용중에 위와 같은 말이 나옵니다. '왜'(why)를 만드는 방법이랄까요. 질문은 어떻게 만드나요? 그리고, 한 달에 책을 몇 권 읽으시는지 궁금합니다. 책을 읽는 나름의 방법이 있다면, 더 나가서 정보를 지식으로 만드는 방법이 있다면 독자들과 공유해 주시겠습니까?

A. 내가 생각하는 것이 과연 맞는지 객관적인 의심을 가질 때 비로소 '왜'라는 대답이 나옵니다. 그렇지 않으면 남을 따라하는 투자밖에 안 되고, 남들처럼 즉 대부분의 대중들이 그런 것처럼 상투를 잡기 십상이죠.

의심을 하면 증거를 찾기 위해 노력하게 되어 있습니다. 신문기사나 뉴스, 각종 통계자료들을 보면서 확인하는 과정을 거치게 됩니다. 이 책에서도 신문기사 발췌가 많은데, 그건 증거를 제시하기 위해서입니다. 머릿속 상상이 아니라는 의미입니다.

찾아도 증거가 나오지 않는다면 내 생각이 틀렸을 수도 있다는 가정을 해야 합니다. 철썩 같이 믿으면 다 이루어질까요? 간절히 소망하고 염원하면 꿈이 현실이 될까요? 당연히 아닙니다. 증거가 없다는 얘기는 내 생각이 틀렸다는 반증입니다. 증거를 찾다보면 내 생각이 왜 틀렸는지도 답을 찾을 수 있습니다.

예를 들면 2008년 재개발 빌라가 한창 유행이었습니다. 인천 산꼭대기에 있는 낡은 빌라도 시세가 1억 5천만 원이었습니다. 산 밑에 지은 지 몇 년 되지도 않은 멀쩡한 아파트와 가격이 비슷했죠. 그럼에도 불구하고 사람들은 그 산꼭대기 빌라를 사지 못해서 안달이었습니다.

상황이 이렇다면 합리적으로 의심을 해봐야죠. 거주를 위해서 산다 하더라도 산 밑에 있는 아파트를 사는 것이 맞고, 투자목적이더라도 불편을 감수하면서까지 산꼭대기에 재개발이 이루어질 것인지 따져봐야 합니다. 더구나 재개발이 언제 될지 알 수 없으며, 정말 재개발이 된다 하더라도 그곳에 지은 아파트가 분양이 잘 될지 의심해 봐야 합니다. 오래된 구도심이었고, 우범지역이었으니까요.

이처럼 합리적인 의심을 하면 투자에 도움이 되고, 그로 인해 이전에는 보지 못했던 사회현상이 보이기 시작합니다.

합리적 의심과 함께 책을 보면 사고를 더욱 확장시킬 수 있습니다. 책은 대략 한 달에 10권 정도 읽습니다. 제가 읽고 좋았던 책은 JD부자연구소 카페(http://cafe.daum.net/jordan777)에 추천도서로 올려놓습니다.

특정 분야의 책들을 섭렵하면서 깊이 있는 지식을 쌓아가기도 하고, 때로는 새로운 관심이 생기면 그 분야와 관련된 도서들을 읽기도 합니다. 편중되지 않게 인문, 사회, 철학, 역사서등을 가리지 않고 읽습니다.

생소한 분야의 책을 읽는 경우도 많은데, 이유는 모르는 분야의 책을 읽을 때 더 뇌가 활성화 된다고 믿기 때문입니다. 투자책만 읽어야 투자를 잘하는 것은 아닙니다. 투자자에게는 정보를 지식으로 바꾸는 과정이 필요합니다. 정보가 나도 알고 남도 아는 것이라면, 지식은 남들은 모르지만 나는 아는 것으로 정의하고 싶습니다.

정보만을 가지고 투자를 하면 나와 비슷한 남들과 싸울 수밖에 없습니다. 그러니 싸게 살 수도 없고, 비싸게 팔 수도 없습니다. 하지만 정보를 지식으로 바꾸면 남들은 별 가치 없이 느끼는 곳에서 오히려 대박의 기회를 잡을 수 있습니다. 남들과 경쟁하지 않을 뿐더러 싸게 사서 비싸게 파는 전략을 취할 수 있죠.

예를 들어 남들이 재개발을 할 때 나는 지방에서 아파트를 사고, 남들이 수도권 아파트를 살 때 나는 서울 빌라를 사고, 남들이 부동산을 할 때 나는 해외주식을 하는 방식으로 차별화를 할 수 있죠. 이 세상에 부자가 많지 않은 이유는 부자들이 남들과 다르게 행동하기 때문입니다. 대부분의 사람들은 비슷하게 행동하죠. 기회는 항상 대중의 길과는 반대로 갑니다.

따라서 정보만을 얻기 위해 동분서주할 것이 아니라, 정보를 지식으로 바꾸는 '생각'의 힘이 필요하고, 아울러 깊고 넓은 교양을 쌓아야 합니다. 그러면 내가 아는 정보들이 투자와 자연스레 연결이 됩니다. 쉬운 일은 아닙니다. 그렇다 하더라도 한 걸음씩 앞으로 나아가야 합니다.

Q. "오늘 내 눈에 쏟아지는 별빛은 어제부터 반짝 빛난 별의 빛이 아니다. 수만 광년을 달리고 달려 오늘에서야 내 눈에 보이는 별빛이 된다."

책을 읽다 보니 철학적인 문구가 눈에 띄더군요. 마지막으로 "조던(김장섭) 님의 〈별빛이 된다〉 투자론"에 대해서 설명 부탁드립니다.

A. 별 빛 이야기는 저의 얘기가 아니고 『축적의 시간』을 쓴 이정동 교수가 어느 라디오방송에서 한 말입니다.

저는 투자를 할 때 현재와 싸우지 않습니다. 미래를 생각하고 현재에 같은 가격을 주고 사더라도 앞으로 많이 오를 수 있는 투자처를 찾아 투자를 하는 편입니다.

따라서 단기적인 목표를 가진 사람들에게는 저의 생각이 맞지 않을 수 있습니다. 답답하게 느껴지겠죠. 그러나 투자는 씨를 미리 뿌려 놓고 그 씨가 싹이 트고 열매를 맺을 때까지 시간을 가지고 기다려야 합니다. 성공의 길로 가는 유일한 방법입니다.

기다림을 즐기는 마음자세가 필요하고, 그에 앞서 미래를 예측하는 힘도 필요하겠죠. 이런 투자의 장점은 남들과 경쟁하지 않으니 굳이 비싸게 살 필요가 없고, 여유롭게 좋은 것을 고를 수 있습니다. 예측은 언제든지 빗나갈 수 있습니다. 하지만 비싸게 사지 않았다면 얼마든지 내가 가진 자산을 정리하고 다른 방향으로 투자를 돌릴 수 있습니다. 비싸게 사기 때문에 본전 생각에 폭탄을 들고 가야 하고, 투자에 유연성이 떨어지는 것입니다. 그리고 정말 좋은 기회가 왔을 때 돈이 묶여 있어서 이러지도 저러지도 못하는 안타까운 상황에 빠지는 것입니다.

이 책을 읽게 될 독자분들도 여유 있게 미래를 내다보며 투자하여, '성공'이라는 결실을 맺었으면 합니다. 편견과 고집을 버리고 이 책을 읽다보면 여러분이 취해야 할 다음 행동이 명확히 떠오르리라 확신합니다.

차례

Part 1.
앞으로 10년, 대한민국 부동산에 어떤 일이 일어날 것인가?

Part 2.
앞으로 10년, 대한민국 부동산 최악의 시나리오 vs 최상의 시나리오

Part 3.
대한민국 부동산 투자의 미래

2160
7040
2360

Part 1.
앞으로 10년, 대한민국 부동산에 어떤 일이 일어날 것인가?

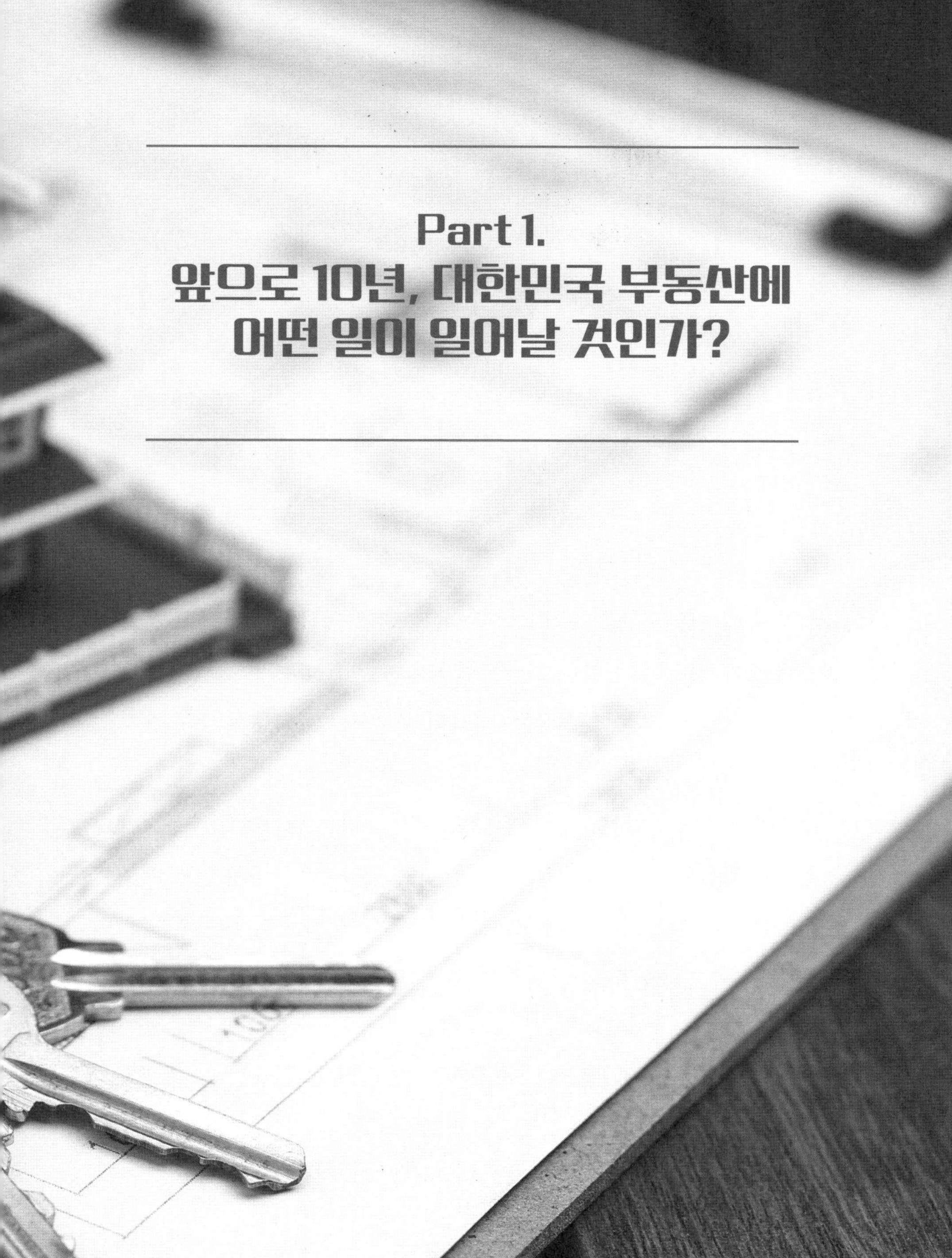

1장.
토지, 노동, 자본에 대한 깊은 생각

우리는 태어나서 먹고 자라고 배운다. 그리고 일하며 부양하고 늙고 병들어 죽게 된다. 개인마다 조금씩의 차이는 있지만 큰 틀에서는 대부분의 사람들이 이 범주에 해당한다. 그리고 부모나 학교에서 배우는 것들도 비슷하다.

앞으로 어떻게 살아야 하는가에 대한 보편 진리는 학교에서 배우지만 경제적인 활동에 대해서는 제대로 배운 바가 없다. 배운 바가 없기 때문에 남 탓을 하거나, 혹은 우리 사회의 구조적인 문제로 치부하기 쉽다. 그런데 이처럼 탓을 하고 나면 그만일까? 아니다. 지금이라도 깊이 생각해서 앞으로 어떻게 살아야 할지에 대해 생각해야 한다.

학교를 졸업하고 취직을 하면서 우리는 경제활동을 시작한다. 경제활동을 하는 이유는 먹고 살기 위해서다. 대부분의 사람들은 오로지 '노동'에 의지해 돈을 번다. 그렇게만 배웠기 때문이다. 하지만 사실 노동보다는 자본이나 토지(지대)로 벌어야 더 많이 더 쉽게 벌 수 있다.

그런데 왜 자본이나 토지로 돈을 벌지 않고 노동으로 벌까? 왜냐하면 자본이나 토지로 돈을 벌려면 부모가 그에 합당한 재산을 물려줘야 가능하기 때문이다. 그러나 그런 부모는 많지 않다. 어쩔 수 없이 우리가 벌어서 그런 부모가 되는 수밖에 없다. 그리고 그런 부모 밑에서 태어났다고 하더라도 경제관념이 없다면 그 부를 제대로 지키지 못한다.

토지, 노동, 자본이란 무엇인가?

자본주의의 생산 3요소이다. 이 중 노동을 빼고 토지와 자본이 생산수단이 된다. **생산수단을 점유해야만 늙어서도 내가 직접 일하지 않고도 돈을 벌 수 있고 또한 자녀에게 물려주어 부의 대물림을 할 수도 있다.** 하나씩 살펴보자.

토지는 무엇인가?

부동산이라고 보면 되지만 생산 3요소에서의 토지는 조금 다른 개념이다. 중세시대에 경제활동은 농노와 귀족의 관계에서 일어났다. 조선시대도 마찬가지다. 토지로 농사를 지어 토지에서 나는 농산물을 소작농에게 일부 주고 그 외에 잉여 생산물을 지주가 취하는 구조다. 그런데 중세시대의 유일한 생산수단인 토지는 대물림이 되었고 그런 지주의 자식으로 태어나면 영원히 일하지 않고 먹고 살 수 있었다. 그 생산수단이 산업혁명이 일어나면서 공장, 기계 등으로 바뀌었고, 사유재산제도가 생기면서 월세를 받는 건물 등도 생산수단이 되었다.

자본은 무엇인가?

자본도 마찬가지로 주식을 통해 '기업'이라는 생산수단을 살 수 있으며, 채권이나 은행예금을 통해서 이자수입을 올릴 수도 있다. 생산수단을 점유한 자의 수입이 자신의 생활비 수준을 넘어가게 되면 일하지 않고 돈을 벌 수 있고, 그 규모가 커져서 잉여생산물이 쌓이게 되면 부자가 되는 것이다.

생산수단을 점유하기 위해서는 어떻게 해야 하는가. 물려받지 못한 노동자의 자식으로 태어났다면 노동을 해야 한다. 노동을 통해 많은 돈을 벌 수 있다면 토지를 사거나 자본을 가지고 생산수단을 점유하여 높은 지대를 올리며 대를 이어 물려주는 것이 노동자가 생산수단을 보유한 부자가 되는 길이다.

노동을 통해 많은 돈을 벌려면 어떻게 해야 할까? 전문직에 종사하거나 월급을 많이 주는 기업에 들어가야 한다. 물론 사업에 기질이 있다면 사업을 하는 것도 나쁘지 않다. 왜냐하면 언제까지나 직장을 계속 다닐 수 없고 결국 자기 사업을 해야 하기 때문이다. 마음에 결정을 내렸다면 실행은 빠를수록 좋다. 하지만 성공하기 힘드니 노동으로 돈을 버는 (대부분의) 사람들을 예로 들어 설명하기로 한다.

대학을 졸업하고 대기업에 들어갔다. 얼마를 벌며 얼마를 다닐 수 있을까? 결론을 요약하면 '쓰는 것보다 조금 더 벌며 늙어 죽을 나이보다 훨씬 더 적게 다닐 가능성이 크다.' 일단 기사를 통해 급여생활자가 회사에 있을 확률에 대해 알아보자.

신입사원 임원 승진까지 22년 걸려…임원 승진 확률은 1000명 중 7명

사무직 대졸 신입사원이 임원으로 승진하는 데 평균 22년 걸리는 것으로 나타났다. 신입사원 1000명 가운데 임원으로 승진할 수 있는 인원은 7명 정도로 조사됐다.

한국경영자총협회는 전국 219개 기업을 대상으로 '2014년 승진·승급관리 실태'를 조사한 결과, 사무직 대졸 신입사원이 임원으로 승진하는 데 실제 걸리는 시간은 평균 22.1년, 부장까지는 평균 17.9년으로 나타났다고 2일 밝혔다.

실제 승진 소요 연수는 2011년보다 늘어났다. 2011년 조사에서는 신입사원이 임원으로 승진하는 데 걸리는 시간은 평균 21.2년, 부장까지는 17.3년이었다. 2011년과 비교하면 임원과 부장 각각 0.9년, 0.6년 늘어난 셈이다.

실제 승진 소요 연수와 규정상 승진 소요 연수의 격차는 2011년보다 더 벌어졌다. 실제 승진에 걸리는 시간은 규정상 승진보다 임원과 부장 각각 2.9년, 2.4년 더 길었다. 경총 관계자는 "2011년 조사에서는 실제 승진과 규정상 승진 소요 시간 격차가 좁혀졌지만, 이번 조사에서는 벌어졌다"며 "60세 정년 의무화 등 노동시장 변화에 대응하기 위해 기업들이 승진 연한을 늘리는 추세가 반영된 것으로 보인다"고 말했다.

경총은 기업들이 노동 시장 변화에 대응하기 위해 앞으로 승진 연한을 늘릴 것으로 예상했다. 승진·직급 제도를 변경한 기업은 응답 기업의 28.4%, 변경 계획이 있는 기업은 39.4%로 나타났다. 기업 규모별로는 대기업의 78.9%, 중소기업의 62%가 승진·직급 제도 변경 완료 혹은 변경 계획을 갖고 있다고 답했다.

임금피크제와 명예퇴직제도의 도입 고려 비율도 2011년보다 늘었다. 임금피크제를 도입했거나 고려하고 있는 기업은 2011년 28.8%에서 2014년 45.4%로 약 17%포인트 증가했다. 명예퇴직제를 도입했거나 고려하고 있는 기업은 2011년 29.6%에서 2014년 39%로 늘었다.

대기업의 경우 임금피크제를 고려하고 있는 기업은 53.1%로 나타나 2011년(30.3%)보다 약 23%포인트 증가했다. 명예퇴직제도 관련 조사에서도 2011년 35.3%에서 2014년 58.1%로 늘었다. 중소기업의 경우 임금피크제를 고려하고 있는 기업이 2011년 27.7%에서 2014년 39%로 증가했다.

대졸 신입사원 1000명 중 승진자 수 추이를 보면, 현재 직급별 승진율이 유지될 경우 신입사원이 임원으로 승진하는 비율은 0.74%, 부장으로 승진하는 비율은 2.41%로 조사됐다. 이는 1000명이 입사하면 7명 정도가 임원으로 승진한다는 뜻이다. 2005년 조사에서는 12명, 2011년 7.9명으로 조사돼 임원 승진 비율은 점점 줄어드는 것으로 나타났다. 규모별로는 대기업의 임원 승진 비율이 0.47%, 부장 승진 비율이 1.8%로 집계됐다. 중소기업의 경우 임원 승진 비율과 부장 승진 비율이 각각 5.6%, 11.5%였다.

한편, 전체 직급의 평균 승진율은 38.6%로 조사됐다. 대기업의 평균 승진율은 35.4%로 중소기업(59.4%)보다 월등히 낮았다.

_2014년 11월 2일자 조선일보

앞의 기사를 토대로 우리나라의 급여생활자가 회사에 남아 있을 확률을 계산해 보자. 임원 승진 확률은 0.47%(1000명 당 4명), 부장 승진 확률은 1.8%(1000명당 18명)다. 현실은 바늘구멍처럼 좁다. 부장까지 승진 소요연수는 17.3년. 예를 들어 27세에 입사해서 17년이 지나면 44세가 된다. 여기에 3년 정도 더하면 47세가 되는데 많이 버티면 이렇다. 그리고 통계를 보면 승진은 점점 짧아지고 승진 확률은 점점 줄어든다. 그러니 직장 생활로 부자가 되기는커녕 노동으로 평생 벌어먹고 살기도 힘든 지경에 이르렀다.

앞으로 우리가 얼마나 살 수 있을지도 계산해보자.

한국인의 기대수명은 여자 83.8세, 남자 76.8세로 OECD 6위이다. 최빈 사망 연령은 한국이 86세이다. 최빈 사망 연령[사망 연령의 최빈치(最頻値)를 말한다], 다시 말해 가장 많이 죽는 연령대를 보자면 2008년에 86세이다.

고려대학교 박유선 교수의 〈100세 도달 가능성〉이란 연구를 보면 현재 45년생은 1/4의 확률로, 58년생은 1/2의 확률로 100세까지 산다. 그리고 현재 70년생 이하라면 특별한 사고나 큰 병에 걸리지 않는 한 거의 대부분이 100세까지 산다. 100세 시대가 더 이상 꿈이 아니다.

구글은 California Life Company(http://www.calicolabs.com/)를 만들었다. 세계에 2대밖에 없는 양자컴퓨터를 돌려서 인간의 DNA 등을 분석하고 있는데 2035년이면 그 분석이 완전히 끝난다. 이들의 1차 목표는 인간을 170살까지 살도록 해주는 것이다. 50세에 은퇴한다고 했을 때 무려 120년이 더 남은 것이다. 그래서 우리가 죽고 싶어도 구글 때문에 못 죽는 경우가 생긴다.

이처럼 변화된 장수시대에 한국의 노인빈곤률과 노인자살률은 1위라는 불명예를 갖고 있다. 은퇴준비가 안 된 노인들이 많다는 뜻이다.

OECD "회원국 빈부격차 사상 최대"…한국 노인빈곤율 1위

경제협력개발기구(OECD) 회원국의 빈부격차가 사상 최대로 커졌다. 특히 한국의 노인빈곤율은 OECD 회원국 가운데 가장 높은 것으로 나타났다. OECD가 21일(현지시간) 발표한 보고서를 보면 2012년 34개 회원국의 부유층 상위 10% 평균 소득은 빈곤층 하위 10% 평균 소득의 9.6배에 달했다. 이는 1980년대 7배, 2000년대 9배에서 꾸준히 격차가 커진 것이다. 한국은 2013년 이 비율이 10.1배로 OECD 평균보다 높게 나타났다.

영국, 일본도 약 10배였으며 미국은 19배로 소득 격차가 컸다. 반면 덴마크, 벨기에, 노르웨이, 독일, 네덜란드 등 서유럽과 북유럽 국가가 5~6배로 소득 격차가 작았다.

자산 격차는 소득 격차보다 더 컸다. 2012년 1%의 최상위 부유층은 전체

자산의 18%를 보유했지만, 하위 40%는 3%만 갖고 있었다. 한국은 17세 이하와 18~25세, 25~65세 연령대 모두에서 상대적 빈곤율이 OECD 평균보다 낮게 나타났다. 그러나 65세 이상 노인층에서는 상대적 빈곤율이 49.6%로 OECD 평균(12.6%)을 훨씬 초과해 회원국 가운데 가장 높았다.

(이하 생략)

_2015년 5월 22일자 연합뉴스

우리나라에서는 왜 노인 빈곤률과 자살률이 1등일까? 그것은 노년에 대한 준비가 되어 있지 않기 때문이다. 우리나라에서 노인이 한 달에 생활비로 써야 할 돈은 얼마쯤 필요할까? 자료를 보도록 하자.

"부부 노후 생활비 월 217만 원은 있어야"

한국인이 노후에 필요하다고 생각하는 생활비(부부 기준)가 월평균 217만 8000원이라는 조사 결과가 나왔다.

국민연금공단은 지난해 국민연금행복노후설계센터를 방문해 노후준비 종합진단을 받은 1만2429명의 데이터를 분석한 결과 이같이 나타났다고 10일 발표했다. 조사 대상자들이 '이 정도 돈이 매월 생활비로 필요할 것'이라고 적은 필요 노후 생활비 액수의 평균은 217만8000원이었다. 남성은 평균 227만9000원, 여성은 211만 원으로 집계됐다. 연령별로는 40대가 247만 원으로 가장 많았고, 50대와 60대는 각각 225만 원, 178만 원으로 조사됐다.

설문 답변자 대부분은 노후준비를 제대로 마치지 못한 것으로 나타났다. 전체 조사 대상자의 노후준비 점수는 400점 만점에 평균 248.8점에 불과했다. 노후준비 점수는 조사 대상자의 각종 연금 수준과 현재 직업, 소득, 자산 등을 확인한 뒤 요소별 가중치를 적용해 산출한 점수를 더한 수치다. 당장 노년기에 접어든 60대도 243점에 불과했고, 40대는 이보다 조금 높은 256.4점, 50대는 258.7점이었다.

노후준비 분야별로는 '소득과 자산' 항목이 51.1점으로 가장 낮았다. 친구 등 '사회적 관계' 분야는 61.1점, '여가생활' 분야는 59.6점으로 나타났다. '건강' 분야가 77점으로 가장 높았다.

성별로는 남성이 건강 분야를 제외한 사회적 관계, 여가생활, 소득, 자산 등 나머지 분야에서 모두 여성보다 높은 점수를 받았다. 지역별로는 사회적 관계 분야는 비(非)수도권 거주자가, 건강과 여가생활 분야는 수도권 거주자가 노후준비 수준이 높은 것으로 나타났다.

_2016년 10월 10일자 한국경제

평균이 200만 원이고 최소 150만 원이며, 삶의 질이 높아지려면 300만 원 정도는 필요하다. 그런데 은퇴준비를 제대로 하는 사람은 많지 않다. 그리고 오히려 연봉 5000만 원 이상의 고소득자일수록 더 은퇴준비를 하지 못한다.

"下流 老人이 몰려온다." 일본 경제 주간지 '겐다이 비즈니스'는 최근 "장래 하류 노인이 되기 가장 쉬운 부류는 연 수입 700만 엔(약 7100만 원)

전후 소득자"라고 보도했다. 어느 정도 경제적 여유가 있는 사람들이 오히려 미래에 대한 준비에 소홀하기 때문이라고 했다. 경제지 프레지던트는 "자녀 교육을 최우선으로 하는 부부일수록 노후 파산 취약층"이라고 보도했다.

왜 이런 일이 벌어질까? 그것은 지금 내가 직장을 다니면 죽을 때까지 일을 할 수 있을 것이라 생각하기 때문이다. 그러나 그런 일은 일어나지 않는다. 그런데도 불구하고 자신의 돈을 아이들 학비와 생활비 그리고 요즘 유행하는 욜로 비용에 전부 지출해 버린다. 그리고 노인 빈곤에 빠진다. 이것은 세계적인 현상이자 호모 사피엔스의 한계이다.

줄리앙 사블레스크(Julian Savulescu)가 인간의 진화적인 측면을 얘기한 것이 있는데 인간의 도덕적 행동은 10만 년 전에 끝났다는 것이다. 인간의 도덕적 행동은 10만 년 전 수렵, 채집시절에서 멈추었다고 한다. 그러니 인간은 단기적인 예측만이 가능하다는 얘기다.

그렇다면 왜 인간은 단기적인 예측만이 가능할까? 예를 들어 인간이 숲에서 후두득 하는 소리를 들었다. 숲 속에 무언가가 있다는 신호다. 나를 잡아먹으려는 사자인지 아니면 순한 양인지 알 수 없다. 그런데 만약 후두득 하는 소리에 뛰지 않고 사자인지 양인지를 확인한 다음 뛰었을 때는 어떤 일이 일어나는가? 그런 유전자를 가진 원시인은 이미 사자한테 잡혀 먹고 사라져버렸다.

그러니 지금까지 수렵채집을 거쳐 살아남은 인류의 유전자는 거의 후두득 하는 소리에 조건반사적으로 뛰었거나, 남들보다 더 빨리 뛴 유전자만이 살아남았다. 결국 현재의 인류는 이런 아주 초단기적인 움직임에 반응하게 되어 있는데 이 유전적인 특징은 변하지 않는다는 것이다.

예를 들면 트럼프의 당선을 들 수 있다. 트럼프로 인해 미국은 파리기후협약을 탈퇴했다. 그리고 뉴욕은 너무 추워서 지구온난화가 더 되어야 한다고 말한다.

이 얘기는 무엇을 뜻하는가?

사람들은 장기적인 이슈는 잊고 아주 단기적인 이슈에만 집중한다는 뜻이다. 파리기후협약에서 논의되고 있는 지구 온난화는 몇 세기 후에 일어날 일이다. 그러나 석유를 캐내서 미국의 경제를 재건하고 일자리를 늘리는 것은 현재 나에게 바로 득이 되는 일이다. 그러니 선거에서 투표는 단기적인 이슈에 따라 움직일 뿐, 장기적인 이슈는 잊어버리거나 안중에도 없다. 그래서 호모 사피엔스에게는 민주주의란 맞지 않는다는 얘기를 한다.

이것을 직장과 접목시켜 보자.

어떤 일이 일어나는가? 오늘 회사를 다니면 나는 영원히 회사를 다니는 것이다. 그렇게 생각한다. 그러니 노후를 준비할 새가 없으며 오히려 돈을 더 많이 버는 중산층이 더 노후를 준비 안 할 가능성이 크다는 말에 수긍이 간다.

그렇다면 노후에는 뭘 얼마가 필요할까?

계산을 쉽게 하기 위해 25살에 취직을 해서 50세까지 회사를 다닌다고 가정해 보자. 노동으로 돈을 벌 수 있는 기간은 25년이다. 그 후 50살부터 100살까지는 돈을 쓰는 나이가 된다. 그 기간은 50년이다.

우리나라 노인의 최저생계비는 150만 원이다. 그러나 조금 더 보태서 200만 원을 쓴다고 하면 25년 동안 얼마를 벌어야 할까? 산술적으로 계산해 본다면 25년 벌어서 50년, 2배의 기간을 써야 하니 매월 400만 원씩 저축을 해야 한다. 50세 이후에 400만 원씩 쓰면서 살아야 한다면 어떻게 해야 하는가? 5가지 방법이 있다.

①매월 400만 원씩 저축한다.

②죽을 때까지 근로소득으로 번다.

③물가 싼 해외에서 노후를 보낸다.

④50대에 매월 400만 원씩 생활비가 나오는 구조를 만든다. 우선 부동산 임대소득을 만들거나 주식의 배당소득, 연금소득, 채권 이자소득, 은행 이자소득이 될 것이다.

⑤ 매월 10만 원씩 투자해서 50세 은퇴 시 40배, 100배 오를 곳에 투자한다.

5가지 방법을 보다 자세히 차근차근 알아보자.

① 매월 400만 원씩 저축한다

누가 이렇게 할 수 있을까. 할 수 있다고 해도 너무나 비효율적인 방법이다. 원금에 이자가 붙는 구조인데 1970년대 경제발전기에 택했어야 할 방법이다. 왜냐하면 그때는 이자가 10%가 넘었기 때문에 원금의 2배가 되려면 10년이면 충분했다. 그런데 지금은 1.6%의 이자로 돈을 예금하면 원금이 2배가 되는 데 70년이 걸린다. 만약 시티은행에서 내놓은 0.1%의 이자로 계산을 하면 원금의 2배가 되는 데 걸리는 시간은 무려 13,600년이다. 그러니 시대에 맞지 않는 비정상적인 방법밖에 되지 않는다.

그러나 이것이 점점 현실이 되어가고 있다. 왜 그럴까?

	25세-50세	50세-100세
기간	25년	50년
저축금액	400만 원	200만 원

이 표를 잘 보자. 25세에 대학교를 졸업하고 군대를 갔다 오고 대기업에 취직을 해서 직장을 다니면 얼마나 다니나? 50세까지 다니면 많이 다니는 것이다. 그런데 우리가 살아가야 할 날은 무려 50세부터 100세까지 50년이 남았다. 그런데 얼마를 써야 하는가? 매달 200만 원을 써야 한다. 그런데 400만 원씩 왜 저축을 해야 하는가?

	16%	10%	2%	1.2%
예금	1,000,000,000	1,000,000,000	1,000,000,000	1,000,000,000
월 이자	13,333,333	8,333,333	1,666,667	1,000,000

이 표를 보자. 예전 2000년대 초반에 유행했던 구호가 있다. '10년 벌

어서 10억 만들기.' 왜 유행했을까?

2000년대 초반은 1997년 IMF 위기를 극복한 지 얼마 안 되는 시점이었다. 그 때 우리나라의 이자율은 무려 10%에 가까웠다. 그렇다면 10억 원을 모았을 때 은행이자가 얼마나 될까? 무려 830만 원 정도 된다. 물론 세전이다. 세후라 하더라도 800만 원은 받을 것이다. 그렇다면 남은 인생 준비는 이걸로 끝이다. 어떻게 해서든 10억 만 모으면 한 달에 800만 원이 죽을 때까지 나오는 구조다. 그러니 더 이상 돈 걱정 할 필요가 없어진다. 그래서 당시에 악착 같이 10억을 모으자는 구호가 유행했던 것이다.

그러나 지금은 저금리 시대다. 10억 원을 은행에 넣어도 겨우 1.2% 정도밖에 안 나온다. 이런 시대에 10억 원을 모으기도 힘들지만 10억 원을 모은다 하더라도 인생이 별 것 없다. 다른 수단을 강구해야 한다.

그래서 25년 동안 400만 원씩을 매달 모아서 200만 원씩 50년간 쓰는 것이 전혀 이상한 일이 아니게 되었다.

② 죽을 때까지 근로소득으로 번다

이것 또한 안전하지만 애처로운 방법이다. 나이가 들면 근로소득으로 일하기가 매우 힘들어진다. 각종 병에 걸리기 쉽고, 실제로 70세가 넘어가면 아파트 경비도 시켜주지 않는다. 현실적으로 힘들다. 또한 죽을 때까지 일해야 하니 인생이 고달프다.

다만 어느 정도 월세나 일정한 소득이 나오는 가운데 봉사활동이나 자신이 평소 하고 싶었던 취미활동을 한다면 인생의 말년이 풍요로워지겠지만 생활비를 벌기 위해서 일하는 것은 개인적으로 매우 견디기 힘든 일이다.

이웃 일본의 예를 보더라도 이런 일은 흔하게 벌어지며 일본의 노인 중 봄에는 나물을 캐서 먹거나 나물을 캐서 먹지 않으면 저녁에 세일을 하는 반찬을 한 개 사서 밥 한 공기와 반찬 한 개를 놓고 먹는 생활보호 대상자가 많다고 한다.

어쨌든 벌어놓은 돈이나 매월 생활비 정도의 잉여자금이 나오지 않는다면 죽을 때까지 일하는 것이 하나의 방법이기는 하다.

③ 물가 싼 해외에서 노후를 보낸다

쓰고 싶은 곳은 많고, 모아둔 돈이나 연금이 부족하다면 물가가 싼 해외에서 노후를 보내는 것도 하나의 방법이다. 나는 나쁘지 않다고 생각한다. 해외여행을 좋아하는 사람이라면 적극 추천하고 싶다.

④ 50대에 매월 400만 원씩 생활비가 나오는 구조를 만든다

노후에 필요한 생활비가 얼마나 될까? 기초생활을 하려면 150만 원 정도가 필요하다고 한다. 사람답게 살면서 생활비를 쓰려면 부부 2인이 300만 원 정도는 있어야 한다.

400만 원이면 많은 돈이다. 만약 월세 400만 원이 나오는 안정적인 상가 부동산을 사려면 돈이 얼마나 필요할까? 1기 신도시(부천, 일산, 분당,

산본, 평촌)의 핫플레이스(시간당 1000명 정도가 지나다니는 곳)의 상가 중 1층 상가를 사서 월세를 받는다고 했을 때 현금이 약 12억 필요하다. 왜냐하면 상가의 1층 가격이 평당 3000만 원 정도이기 때문이다.

그렇다면 분양면적 22평(전용면적 10평)의 가격이 6억6천만 원이 된다. 이런 상가를 가지고 있으면 보증금 5,000만 원에 월 200만 원 정도의 수입이 발생한다. 그러니 400만 원이 되려면 이런 상가 2개가 있어야 하고, 13억2천만 원의 매수자금에 보증금 1억을 빼면 12억2천만 원이 필요하다. 매수 시 2천만 원을 깎으면 약 12억 정도가 된다. 12억을 모아서 한 번에 이런 물건을 사면 된다.

광교나 위례, 동탄과 같은 곳의 상가에서 분양가는 얼마인 줄 아는가? 이 곳의 딱 2배이다. 즉 분양면적 22평의 분양가가 13억 정도 한다. 그런데 아직 상권이 활성화되지도 않았고 지하철이 없는 곳도 있다. 그런데 2배가 더 비싸다니 이런 물건을 사는 순간 6억 5천만 원을 손해 보는 장사이다. 그런데 왜 사는가? 상가의 적정 가격을 정확히 모르기 때문이다.

1층을 고집하지 않는다면 3층 이상을 사도 된다. 3층 이상의 상가는 수익률이 1층보다 높다. 4억 정도면 월세 200만 원이 나오는 사무실 용도의 구분상가를 살 수 있다. 이렇게 하면 8억으로 월세 400만 원의 수입을 올릴 수 있다. 다만 3층 이상의 상가는 공실의 위험이 있으니 주의하길 바란다. 주택으로 내려오면 수익률이 더 떨어진다. 그러니 상가를 모르고 월세를 논할 수 없다.

그러나 상가는 상권의 변동 등이 심하고 상가가 오래되면 상권이 바뀌기 때문에 상가는 좋은 선택이 아니다.

주식 배당 중에 미국의 통신기업인 AT&T와 같은 기업은 배당을 무려 6% 정도 준다. 망하지 않을 기업인데 6%를 준다면 10억 원을 모았을 때 무려 500만 원을 준다는 얘기다. 오히려 주식의 배당이 현실적인 대안이다.

그리고 우량한 기업은 망하지 않고 지속적으로 생존이 가능하며 월세 입자를 신경 쓸 필요가 없으며 재건축, 재개발 등 썩지 않고 따박따박 배당액이 입고된다는 점에서 유리하다. 이 책은 부동산 책이지만 안전한 월세를 만들려면 반드시 주식을 알아야 한다.

⑤ 매월 10만 원씩 투자해서 50세 은퇴 시 40배, 100배 오를 곳에 투자한다

가장 현실적인 방법이 아닐까 한다. 매월 10만 원씩 투자해서 50세가 되었을 때 매월 400만 원이 나올 수 있는 곳에 투자하는 방법이다. 예금으로는 30억의 현금이 있어야 하고, 주식으로는 51억의 주식이 있어야 한다. 가장 손쉬운 공실 없는 1기 신도시의 3층 이상 상가를 산다고 해도 8억의 현금이 있어야 한다.

그럼 매월 10만 원씩 저축을 해서 25년이 지나면 얼마나 될까? 3천만 원이다. 3천만 원이 가장 적은 상가 월세를 받는 8억의 현금이 되려면 26.7배가 올라야 한다. 예금이자 소득으로 400만 원을 만들려면 30억이 필요하니 3천만 원이 100배가 올라주면 30억이 된다.

적게는 30배에서 많게는 100배까지 올라주는 투자종목이 무엇일까? 바로 토지와 주식이다. 그래서 토지투자와 주식투자는 기본으로 해야 한다. 지난 50년간 땅값 변화를 살펴보니 밭이 971배, 대지가 2309배 올랐다고 한다. 토지로 돈을 번 사람은 증거가 있다. 그런 사람을 우린 졸부라 부른다. 한국의 부자들은 다 이들 중에 나온다. 만약 산 땅이 오르지 않았어도 나중에 자식 대에 빛을 본다. 우리가 그들을 졸부라 부르지만, 사실은 부러워서 붙인 낙인에 불과하다. 모두가 졸부가 되고 싶기 때문이다.

주식은 어떤가? SK텔레콤은 지난 1999년 액면 분할하기 전 주가가 595만 원까지 치솟은 바 있다. 이후 액면가 5000원짜리 주식을 500원으로 만들면서 주가는 1/10이 됐다. 1/10로 액면분할을 했는데도 현재 주가는 25만 원을 훨씬 넘는다. 1991년 한국통신(KT의 전신)의 주가가 1만 원이 안 되었으니 10년 만에 595배가 오른 것이다.

그래서 10만 원씩 저축해서 강남의 빌딩을 사거나 소박하게 1층 상가 2개를 사려면 주식과 토지에 대한 투자는 기본인 것이다. 부의 사다리를 올라타려면 맨 아래부터 하나씩 밟아 올라가야 한다. 꿈만 커서는 될 일이 아니다. 현실적으로 어떻게 해야 꼭대기까지 올라갈 수 있는지 방법을 생각해야 하고, 또 실천해야 한다. 그러니 빌딩을 사기 전 어떤 투자를 해야겠는가?

2장.
결과가 예상되는데도, 왜 자영업에 뛰어들 수밖에 없는가?

자영업이란 무엇인가? 일신 전속권이 있는 사람이 기술로 평생을 벌어먹고 사는 것을 말한다. 일신전속적 권리는 특정한 주체만이 향유할 수 있는 권리이다. 특정 주체만이 향유할 수 있는 권리는 향유전속권이라고 하며 특정 주체만이 행사할 수 있는 권리는 행사전속권이라 한다. 쉽게 말하면 기술이나 자격증을 가지고 먹고사는 방식을 말한다.

그렇다면 자영업자는 과거에도 있었을까? 당연히 있었다.

봉건시대에는 왕, 귀족, 평민, 상민, 노예 등으로 구성되었는데 평민이나 상민이 자영업자였다. 예를 들면 구두쟁이(갖바치-가죽신을 만드는 사람), 육류 도축업자(백정), 미용사, 양복 재단사, 세탁소 등의 기술을 가진 자와 법률로써 보장된 전문적인 직업인 의사, 변호사 등과 농업에 종사하는 농사꾼 그리고 상업에 종사하는 장사꾼 등이 있었다.

그런데 현대에는 이와 같은 기술을 가진 자영업자들은 몰락했다. 왜냐하면 이익단체를 만들지 못했기 때문이다. 이익단체를 만들어 정치권에 압력을 넣어야 하는데 그러기 전에 자본가들에 의해 몰락했다. 그러나 이익단체를 구성한 자들은 살아남았다. 우선 법률로 권리가 보장된 의사, 변호사, 세무사, 변리사 들은 살아남았다. 그리고 이익단체를 구성한 농민들도 살아남았다.

이들을 모두 몰락시킨 이들은 누구인가? 바로 장사꾼이다. 장사꾼은 산업사회로 오면서 자본가로 변신한다.

그렇다면 왜 전통적인 자영업이 몰락했을까? 자영업자들은 자본가들로 인해 몰락의 길을 걸었다. 자본가들은 생산수단(토지, 노동, 자본)을 이용해서 원가를 낮춰서 자영업자들을 몰락시켰다. 자본가들이 자영업자들을 몰락시킨 구체적인 방법은 다음 두 가지다.

①2차 산업 공산품(갤럭시 양복, 엘칸토 구두 등)

②3차 산업 서비스(크린토피아, 편의점, 치킨, 피자, 파리바게뜨 등 프랜차이즈)

우선 2차 산업인 제조업부터 살펴보자.

2차 산업은 공산품을 대량으로 만들어 자영업자를 몰락시켰다. 자본가는 자본을 투입하여 토지(공장)와 노동(임금노동자)을 사서 대량생산 체제를 구축하였다.

사실 자본가들의 눈으로 보면 자영업자처럼 그렇게 비효율적인 사람들이 없다. 자영업자들은 일하고 싶을 때 일하고 일하고 싶지 않을 때 일하지 않는다. 그리고 먹고 살 정도로만 돈을 번다. 그런데 좀 더 큰 공장을 짓고 자동화 된 생산설비를 들여놓고 임금노동자들을 부려 빵공장, 양복공장, 구두공장을 만들어 원가를 낮추면 더 많은 돈을 벌 수 있는데 그들이 그렇게 하지 않으니 자본가들이 이렇게 한 것이다. 그래서 무엇인가를 제조하던 자영업자는 공산품의 폭격으로 모두 몰락의 길을 걷는다.

다음으로 3차 산업인 서비스업이다.

자본가들이 서비스업을 몰락시키는 데 사용한 방법은 프랜차이즈다. 이들의 방식은 과거와 동일하다. 엄청난 자본을 투입하여 원가를 낮추고 원가를 낮춰 개인이 구현할 수 없을 정도의 가격을 만들어 자영업자들을 모두 죽이고 박리다매 시스템을 만드는 것이다.

상황이 이러한데도 사람들은 왜 자영업을 할까? 예전에는 자영업자와 농부, 귀족 등이 있었다. 이들의 특징은 하나부터 열까지 스스로 모든 일을 처리했다. 농부는 처음부터 끝까지 농사를 지었고, 파티셰는 처음부터 끝까지 빵을 만들어 구워 팔았다. 구두 장인은 구두를 만들어 팔았다.

그러다가 자본이 들어오자 이제 혼자 만들어서 팔 수 없는 시대가 되고 말았다. 그래서 이들은 혼자 만드는 대신 자신이 만들던 물건을 대량으로 만드는 기업에 취업할 수밖에 없었다. 그래서 그들은 임금노동자가 되었다.

자영업자와 임금노동자의 차이는 일신전속권이 없다는 데 있다. 일신

전속권이 없다는 것은 기술이 없다는 의미다. 일을 하는데 아예 기술이 없는가? 그렇지 않다. 분명 기술이 있지만 그들의 기술은 철저히 분업화 된 기술이다.

자동차 공장에 다닌다고 생각을 해보자. 어떤 사람은 자동차 공장에서 차를 배에 싣는 일을 한다. 좁은 컨테이너선에 차를 빼곡히 최대한 많이 싣도록 주차를 한다. 그런데 이 일을 나이 60까지 하다 나왔다고 하자. 그러면 이 사람이 나와서 할 수 있는 일이란 무엇일까? 음식점에서 주차대행을 할 수는 있지만 임금은 자신이 받던 임금보다 턱 없이 낮다. 그리고 그 일을 계속한다는 보장도 없다. 음식점 사정이 안 좋으면 언제든지 잘린다는 말이다.

그렇다면 이런 생산직 말고 더 많이 배운 연구원을 살펴보자. 연구원이라고 해서 다르지 않다. 삼성전자의 반도체 설계를 맡았다고 하자. 그가 나와서 할 수 있는 일은 무엇인가? 더 많이 배운 연구원이라 하더라도 나와서 할 수 있는 일은 없다. 중국에 반도체 기술을 빼돌린다면 모를까 반도체 기술은 삼성전자라는 거대한 조직에서 자신이 톱니바퀴처럼 돌아가며 철저히 분업화 된 부품이 되었을 때 필요한 것이지 은퇴를 하면 그 기술도 쓸모가 없어진다.

자 이제 정리를 해보자.

산업사회가 되면서 분업화가 되었다. 그래서 자영업자는 일부의 자본가가 되지 못했다면 모두 임금노동자가 되었다. 일반 자영업자는 모두 자본가들의 자본에 몰락하고 만다. 임금노동자는 아무리 똑똑하더라도 분업체계 하에 있었을 때만 먹고 산다. 그러나 분업체계를 떠나면 바로 굶어 죽을 수밖에 없다.

그렇다면 임금노동자는 분업의 체계에서 나왔을 때 왜 자영업을 할까? 한 마디로 대기업을 다니다가 나오면 남들 보기에 그럴싸한 일을 해야 한다는 생각에 자영업을 한다. 대기업에서 이사까지 했는데 경비를 할 수는 없지 않나? 그리고 명퇴금으로 수억 원을 받았는데 이 돈 가지고 사장 소리 들으면서 떵떵 거려야 하지 않는가? 그러니 자영업에 뛰어든다.

명퇴금 수억 원이라고 해봐야 은행 이자가 1.2%인 지금은 10억 원을 넣어둬도 1년에 1200만 원, 한 달에 겨우 100만 원을 받는다. 분명 적지 않은 돈인데 이 돈으로는 생활을 유지할 수가 없다. 반드시 그 이상의 수입이 뒤따라야 한다. 그래서 하는 것이 자영업이다.

대기업에 다녔던 사람이라면 쓰던 습관이 있어서 생활비로 500만 원이나 많게는 1000만 원이 있어야 한다. 그런데 은퇴를 했으니 생활비를 줄인다는 생각으로 300만 원 정도 생각한다고 하자. 생활비를 줄였으니 문제가 해결되었을까? 전혀 그렇지 않다. 3억 원을 1천만 원씩 매월 쓰면 겨우 30개월이면 연료가 바닥나 버린다. 3년도 안 돼서 은퇴자금이 모두 증발해 버리는 것이다. 그래서 결국 자영업으로 결론이 난다. 이리저리 생각해 봐도 다른 대안이 없다.

그렇다면 현대의 자영업자들은 과거의 자영업자들과 달리 어떻게 몰락하게 되었는지 살펴보자.

①대기업의 프랜차이즈를 하지만 결국

예를 들어 대형편의점 체인이나 빵집 체인 사장이 되는 것이다. 일단 망할 확률은 줄어든다. 그러나 삶의 질은 확연히 떨어진다. 대기업 편의점은 자영업자(편의점 사장)의 노동력 착취를 바탕으로 돌아간다. 평균적으로 매출이 오천만 원이라 하더라도 결국 아르바이트를 쓰고 남는 순이익은 300만 원에도 미치지 못한다.

그런데 정부의 최저임금 인상 정책으로 말미암아 아르바이트의 인건비가 올라갔다. 그러니 아르바이트를 자르고 부부가 서로 견우직녀 하면서 낮과 밤을 교대로 하루도 쉬지 못하고 일한다.

親노동정책의 역풍… 노동자들이 내몰린다

경기도 수원에서 편의점을 하는 김모씨. 6년 전 대기업을 그만두고 퇴직금으로 편의점을 시작한 김씨는 "6년 전으로 돌아가면 죽어도 편의점은 하지 않을 것"이라고 했다. 그는 얼마 전 아르바이트생 4명 중 2명을 내보냈다. 대신 김씨 부부가 번갈아 가게를 지키고 있다. 그는 "월 매출 오천에 삼사백 남는데 우리 부부 인건비도 못 건진다"고 했다.

_2017년 10월 24일자 조선비즈

편의점을 하면 언뜻 자영업자로 보이지만 사실은 자영업자가 아니다. 사장이 아닌 또 다른 의미의 임금노동자가 된 것이다. 그렇다고 편의점을 본인이 차린다거나 빵집을 차리면 대기업 편의점, 빵집의 원가경쟁에 밀려 독립하는 순간 문 닫을 걱정부터 해야 한다. 만약 빵집을 하더라도 수십 년간의 제빵 노하우와 광팬인 단골이 없다면 망하는 것은 순식간이다. 즉 지금까지 하던 임금노동자를 명퇴하고 다시 자본가의 임금노동자가 되어 죽을 때까지 일해야 하는 것이다.

②저가 프랜차이즈로 인한 몰락(저가 커피, 저가 치킨, 저가 음식료업)

이 경우는 더 안 좋은 케이스에 해당한다. 저가 프랜차이즈에는 패턴이 있다. 소위 유행이라는 것을 탄다. 프랜차이즈 업체들은 저가로 커피, 음료 등을 판다. 말도 안 되는 가격이다. 그 과정은 다음과 같다.

커피를 1500원 또는 1000원 이하의 가격으로 판매한다.

프리미엄 프랜차이즈인 스타벅스 등의 가격은 잔당 4000원 정도다. 그런데 이렇게 싸게 팔아서 남는 게 있을까? 그것은 상관없다. 일단 사람을 모으는 것이 중요하다.

사람들이 몰린다.

당연하다. 아주 싼 가격에 커피를 파는데 안 몰릴 수가 없다. 심지어 줄까지 선다.

잠재 자영업자들이 이 광경을 보고 대박 아이템으로 착각한다.

회사를 다니던 임금노동자들은 이런 광경을 보고 다니던 회사 그만두고 '저렇게 커피를 팔면 많이 남을 것이다'고 생각한다. 인간의 유전자는 단기적인 예측만이 가능하다. 즉 지금 장사가 잘되면 정말로 장사가 잘될 것으로 착각한다. 그것도 영원히 잘될 것으로 착각한다.

창업한다.

그래서 다니던 회사를 그만두고 빚까지 얻어서 프랜차이즈를 차린다.

프랜차이즈 가맹본사는 돈을 번다

프랜차이즈 가맹본사는 노리는 것이 단 하나다. 가격을 싸게 해서 많은 가맹점을 모으는 것이다. 즉 가격을 후려쳐서 엄청나게 싸게 만들고 사람들이 줄을 서게 한 다음 가맹점을 순식간에 엄청 늘리는 것이다. 핫도그, 카스테라, 치킨 등의 프랜차이즈는 몇 개월 만에 전국 가맹점 500개 이상을 간단히 돌파한다.

사람들이 몰리지 않는다.

왜 몰리지 않을까? 가격이 싸서 먹었는데 사실은 감동이 없기 때문이다. 그래서 그냥 한 번 먹고 마는 것이다. 오늘날의 소비자들은 그냥 싸기만 해서는 두 번 다시 구매하지 않는다. 뿐만 아니라 프랜차이즈 본사의 공격적인 마케팅으로 경쟁 점포가 너무 많이 생겼다. 그러니 내가 먹을 파이는 당연히 그만큼 줄어든다. 뿐만 아니라 한번 타올랐던 열기가 금새 시들해지기 때문에 먹거리는 더욱 줄어든다.

저가 프랜차이즈의 가격이 싼 이유는 가맹점주의 싼 인건비에서 기인한다. 즉 노동력 착취로 인한 가격이라는 것이다. 그래서 가맹점주는 엄청나게 일하는데 사실은 돈을 거의 못 벌고 장사 아이템도 시들해져 폐업 위기에 내 몰린다.

현재의 아이템은 시들해지고 다른 저가가 뜬다.

사실 우리가 알고 있는 프랜차이즈는 1년만 지나도 아무도 기억하지 못하는 아이템이 수두룩하다. 그러니 가맹본사는 돈을 벌고 사업을 접으면 되지만 그 많은 가맹점주는 어떻게 되나? 이러는 사이 다른 저가 아이템이 떠서 사람들은 다른 곳으로 가버린다. 그리고 자신이 차린 프랜차이즈는 망해서 모든 돈을 날린다.

어떤 프랜차이즈를 하고 싶은가? 프랜차이즈만 거래하는 사이트를 찾아 얼마나 매물이 많이 나와 있는지 알아보면 어떤 것이 안 되는지 알 수 있다. 즉 매물이 많을수록 안 되는 프랜차이즈인데 그 패턴이 계속해서 반복된다.

창업자는 가진 돈을 모두 날리고 다시 임금노동자로 전락한다.

당연히 자신이 가지고 있는 돈을 모두 날리고 결국 더 저가의 일을 해야 하는 임금노동자가 된다. 이때 명퇴금 또는 빚까지 얻었다면 이자비

용까지 전부 감당해야 한다. 명퇴금을 하나도 써보지 못하고 그냥 노예처럼 일만 하다가 모든 돈을 날린 셈이다. 차라리 은행에 적금이라도 들고 임금노동자를 했다면 조금의 이자, 국민연금, 노동으로 인한 임금으로 매일 일은 해도 마음은 편할 텐데 한 번의 잘못된 선택이 자신을 나락으로 빠뜨렸다.

저가 프랜차이즈가 망한 이유는 전통의 자영업자가 망한 이유와 같다. 자본가들은 대규모의 자본을 투입하여 원가를 낮추는데 사실 대기업프랜차이즈건 저가 창업아이템이건 저가가 가능한 것은 자영업자의 노동력 착취를 통한 저가이기 때문이다. 그래서 하루 종일 일을 해도 겨우 먹고 살 수 있을 정도로만 돈을 번다. 조금이라도 이윤을 더 남기기 위해 가족이 모두 무급으로 동원되어야 하니 삶의 질이 떨어진다.

그래도 잘 망하지는 않는다. 대기업 프랜차이즈이기 때문이다. 그러나 대기업의 임금노동자와 다를 바가 없고 죽을 때까지 일해야 겨우 먹고 산다.

저가 창업아이템은 삶의 질이 떨어지고 본인의 돈을 다 날리고 일은 하루 종일 하면서 노동력 착취는 노동력 착취대로 당하고 가맹점 본사만 돈을 버는 구조다. 가맹점 본사는 원래부터 임금노동자의 돈만을 노리고 이런 상품을 기획하는 것이다. 그러다가 가맹점이 하나, 둘씩 망하면 사업을 접고 다른 사업을 기획해서 또 다른 가맹점을 모집한다.

이제 결론을 내려보자.

바람직한 저가는 어떻게 구현을 해야 하나? 그것은 자본가만이 할 수 있다. 대량 생산, 생산성 향상을 통한 원가 절감을 통해 가능하다. 대기업만이 자본과 기술력을 통해 이룰 수 있다. **그러니 자영업으로 살아남으려면 어렸을 적부터 대기업 프랜차이즈가 따라올 수 없는 기술을 익히는 수밖에 없다. 혹은 장사 노하우를 익히는 수밖에 없다. 나아가 저가 프랜차이즈 가맹본사가 된다면 상황은 180도 달라질 수 있다.** 그렇지 않으면 속수무책으로 망하거나 임금노동자로의 전락이다.

자영업 10곳 문 열면 8.8곳 망했다

지난해 자영업 폐업률은 전년 대비 10.2%포인트 높은 87.9%로 역대 최고치를 기록했다. 국세청 국세통계에 따르면 도·소매업과 음식, 숙박업 등 자영업 4대 업종은 지난해 48만3985개가 새로 생기고, 42만5203개가 문을 닫았다. 10개가 문을 열면 8.8개는 망했다는 얘기다.

_2018년 8월 14일자 한국경제

자영업은 현실적으로 열에 아홉은 망한다. 냉엄한 현실이지만 받아들일 수밖에 없으며, 나는 피해갈 수 있다고 자신할 수 있는 문제도 아니다. 게다가 최저임금의 상승으로 인해 아르바이트 인력을 쓰기도 어려워졌다. 그러므로 자영업은 노후 대비 수단으로 점점 더 힘들어지고 있다.

3장.
'부'의 사다리에 올라타려면 반드시 '생산수단'을 점유하라

중세시대의 농노와 조선시대의 소작농은 허리가 부러질 정도로 일을 했음에도 불구하고 그 신분에서 벗어나지 못했다. 생산수단을 보유하지 못했기 때문이다. 생산수단은 산업혁명 이전에는 토지, 산업혁명 이후에는 주식이다. 이전과 이후과 왜 달라졌을까? 그 이유를 알기 위해서는 생산수단에 대한 특징을 알아야 한다.

불멸성

생산수단은 썩지 않는 불멸성에 기초한다. 그러므로 썩는 것은 생산수단이 아니다.

내재적 가치

생산수단은 내재적 가치를 지니고 있어야 한다. 내재적 가치란 황금알을 낳는 거위와 같다. 매번 일정 금액을 생산수단을 가진 자에게 주어야 한다. 토지는 수확물을 통해서 생산수단을 가진 자에게 생산물을 준다. 주식은 배당금을 통해서 생산수단을 가진 자에게 생산물을 준다.

그렇다면 생산수단을 가진 자와 생산자가 같을 필요가 있을까? 그럴 필요도 없고 그러지도 않았다.

봉건시대, 신분사회에서는 토지가 유일한 생산수단이었다. 왜냐하면 농업사회였기 때문이다. 그러므로 농업사회에서 가장 중요한 생산물은 벼와 밀과 같은 식량이다. 오로지 토지를 통해서만 생산물을 얻을 수 있는 사회였던 것이다.

그런데 토지는 어떻게 획득할 수 있었을까? 그 시대 생산수단인 토지를 확보하는 방법은 두 가지였다. 상속을 받거나 빼앗거나 두 가지 방법뿐이었다. 중세 시대나 신분사회에서 그랬다는 것이다. 따라서 토지를 빼앗기 위한 정복전쟁이 수시로 일어났다. 전쟁에 이겨서 정복자가 되어야만 토지를 몰수할 수 있었기 때문이다.

그러나 대부분의 경우 토지를 획득하는 방법은 상속을 통해서였다. 그런데 그 시절에는 상속세가 없었다. 그래서 부의 대물림이 가능했다.

당시 상속세가 없었던 이유는 토지가 왕의 땅이었기 때문이다. 그렇다면 그 시대 봉건영주, 양반은 어떤 역할을 했을까? 왕의 토지를 대신 개간하고 일정액의 세금을 바치는 중간자의 역할이었다. 그래서 수조권이라는 것이 있었다.

수조권(收租權)이란 역사에서 주로 사용되는 용어로써, 대상(주로 토지)으로부터 조세(租=곡식稅=세금)를 거둘 수 있는 권리를 의미한다. 현대 국가의 경우 대부분 수조권을 국가가 장악하여 징수하고 있으나, 전통시대의 경우 행정적인 능력의 미비로 인하여 관리들에게 관직의 복무로 인한 대가를 일정 지역 농토의 수조권을 주어 관리가 직접 징수하는 형태를 보이고 있다. 주로 역사에서는 소유권(所有權)과 자주 비교되어 사용된다.

조선시대에는 관리가 되면 국가에서 돈을 받는 대신 일정의 토지를 받아서 그것으로 소작을 주고 거기서 나온 생산물의 일부는 나라에 바치고 나머지는 자신이 취하는 형태였다. 그러니 이것은 근대의 소유권 개념과 다르다. 엄밀히 말하자면 소유권은 왕만이 있었고 봉건영주와 양반은 그것을 대신 경작할 수 있는 임대권만 가지고 있었다. 그러니 당연히 상속세가 없을 수밖에 없었다.

그래서 양반 중 역적으로 몰리면 국가로 모든 토지가 몰수되는데, 이는 원래 왕의 토지였기 때문이다. 만약 당시 토지가 왕의 소유가 아니었다면, 앞과 같은 사건이 터졌을 때 양반의 토지를 경매에 넘기고 거기서 나온 돈을 국고로 환수하는 조치를 취했을 것이다.

여기서 한 가지 생각해 볼 문제가 있다. 돈 이야기다. 당시에도 화폐는 존재했었다. 즉 돈이 있었다는 의미인데, 돈은 어떤 역할을 했을까? 동산을 사는 역할을 했으나 생산수단인 토지를 사는 역할은 하지 못 했다. 그리고 돈을 굉장히 천시했다.

셰익스피어의 〈베니스 상인〉에 보면 샤일록이 나온다. 그는 유대인 고리대금업자다. 유대인이라는 천한 출신과 더불어 고리대금업이라는 그 당시 아무도 하지 않으려는 직업을 가지고 있었다. 유대인 출신은 생산과 관련된 일에 참여할 수 없었다. 그래서 아리스토텔레스 이후 서양 사회에서 가장 천시하는 고리대금업을 종사할 수밖에 없었다.

왜 돈을 천시했을까? 이 점은 신분사회를 설계한 자의 천재성이 보이는 부분이다. 생산수단에 대한 개념을 똑똑히 알고 있는 사람은 드물다. 그렇다면 돈과 토지의 개념을 섞어서 생각해보자. 만약 봉건시대에 돈이 천시되지 않았다면 어떤 일이 일어났을까?

예를 들어보자. 내가 중세시대의 봉건영주다. 그런데 내 자식은 똑똑할까? 아니다. 사람들은 똑똑할까? 아니다 똑똑하지 않다. 그래서 생산수단이 뭔지 모른다. 그런데 그 시절 현재와 같이 돈으로 생산수단인 토지를 사고파는 일이 가능했다면 어떤 일이 벌어졌을까? 아마도 내 자식이 토지를 돈과 바꿀 확률은 99.99%이다. 내 자식이 아니고 그 후대에 자식이라면 100%가 된다.

돈과 생산수단은 무조건 바꾸는 것이다. 그런데 생산수단을 팔면 무엇이 남는가? 그 때는 유일한 생산수단이 토지라 했다. 그런데 토지를 팔면 그 토지를 판 자손은 바로 소작농으로 전락한다. 따라서 그 후로 생산수단에 대한 의미를 알지 못하면 토지를 판 자식 대에서 영원히 노예의 삶을 살 수밖에 없는 것이다.

그런데 신분사회를 설계한 자는 멍청했을까? 이 내용을 몰랐을까? 아니다. 알았으리라 본다. 그는 천재이다. 그러니 생산수단을 팔지 못하도록 막는 방법을 강구했다. 그 결과 생산수단을 빼앗거나 상속하는 방법 이외에는 어떠한 경우에도 생산수단을 가지지 못하도록 만들었다.

게다가 생산수단과 화폐의 교환을 금지함으로써 그리고 심지어 화폐를 천시함으로써 화폐가 생산수단인 토지를 사지 못하도록 만들었다. 그리고 돈을 가지고 살 수 있는 물건은 생산수단 이외의 물건으로 한정했다. 그러니 멍청한 자식이 나와도 계속해서 대대로 신분이 세습되고 고착화되는 신분사회가 된 것이다.

그런데 너무나 탄탄하여 결코 무너지지 않을 것 같던 이 공식에 균열이 발생한다. 중상주의 시대에 접어들면서 변화가 시작되는데, 존 로크의 노동가치설에 의한 소유권이 주장되면서이다. 존 로크의 노동가치설이 무엇이기에 이처럼 커다란 변화를 불러왔을까? 그 배경은 다음과 같다.

네덜란드의 동인도 회사는 최초의 주식회사이다. 주식회사가 생기면서 돈이 중요해지기 시작했다. 동인도 회사는 아시아 쪽으로 배를 보내 향신료, 도자기, 비단 등 유럽의 귀족이 좋아하는 물품을 수입해 오면 그것을 상류사회에 팔아 막대한 부가가치를 일으킨다. 그 시절 돈을 번 사람을 일컬어 부르주아지라 불렀다. 부르주아지(프랑스어:bourgeoisie)는 원래 중산층이란 뜻이었으나 마르크스주의 이후 현대에는 자본가 계급을 뜻한다. 형용사형은 부르주아(프랑스어:bourgeois)이다.

그 시기 왕은 이웃나라와 왕위계승 전쟁, 십자군 전쟁과 같은 소모적인 전쟁으로 국력을 소진하고 있었다. 그런데 전쟁을 하려면 반드시 돈이 필요했다. 왕은 당시 돈을 가진 자본가들, 즉 부르주아지에게 세금을 걷어 전쟁비용에 탕진하였다.

부르주아지라고 해서 마냥 세금만 내는 것은 아니었다. 그들은 왕에게 반대급부를 요구했는데, 바로 소유권이었다. 그 기초를 제공한 것이 존 로크의 노동가치설에 의한 소유권 개념이다. 그래서 아마도 다음과 같은 장면들이 연출되었을 것이다.

부르주아지는 왕에게 말했다.

부르주아지 : 누가 너보고 왕이래?

왕 : 신이 나보고 그랬어.

부르주아지 : 정신 나간 소리하고 있네. 너는 나와 같은 사람이잖아.

왕 : 그것은 교황에게 물어봐. 걔가 증명해 줄 거야.

부르주아지 : 그전까지는 그랬는지 모르겠지만 네 권력은 어디서 나오니?

왕 : 신이 나에게 줬으니 신으로부터 나오지.

부르주아지 : 헛소리 그만하고 내가 준 세금으로 군사도 모으고 전쟁도 하고 관리도 뽑는 거잖아? 그러니 권력은 신이 아닌 내 돈으로부터 나오지. 그런데 신도 아닌 인간인 너에게 왜 내 세금을 줘야 하는지 모르겠어.

왕 : …….

그러자 왕의 고민은 깊어진다.

말을 듣고 보니 농경사회까지는 토지로부터 나오는 세금을 거두어 전쟁도 하고 그랬는데 지금은 수많은 전쟁으로 인해 봉건영주인 기사계급이 몰락하고 돈은 부르주아지로부터 나온다는 사실을 깨닫게 된다.

그리고 고민에 빠진 왕에게 집사 출신인 홉스가 사회계약설을 들고 나온다.

사회계약설 :
홉스의 사회계약설을 이해하기 위해서는 몇 가지 사고실험을 통한 전제가 필요하다. 그것은 인간은 모두 평등하다는 것, 인간은 모두 이기적이라는 것, 인간은 자신의 생명과 재산의 보호를 최우선의 목표로 한다는 것이다. 또한 모든 인간은 합리적이다. 그렇기 때문에 자연 상태에서는 협력을 강제할 수 있는 권한이 존재하지 않으므로 인간은 자신의 욕구 충족 및 자기 보호를 위해 서로가 서로를 경계하고 공격하는, 만인의 만인에 대한 투쟁(the war of all against all)이 필연적으로 발생하게 된다. 인간이 합리적이므로 이것을 막을 방법을 찾게 되고, 그로 인해서 사람들은 특정한 사람 혹은 집단(assembly)에게 권력을 몰아주게 되는데, 그가 바로 왕이 되는 것이고, 비로소 협력을 강제할 권력(force)를 지니게 된다. 여기서 홉스가 당대의 주요 관점이었던 왕권신수설을 부정한다는 것을 알 수 있다.

다시 풀어보면 이렇다.

왕 : 너희들 만약 지금 내가 없는 야생의 상태야. 그렇다면 누가 제일 두렵냐? 그것은 돈 많은 너희들의 돈을 빼앗으려는 일반인들이 두렵겠지.

부르주아지 : 그렇지.

왕 : 물론 돈을 빼앗기 위해서는 너희들의 생명도 빼앗아야겠지?

부르주아지 : 그렇겠지.

왕 : 그런데 말이야. 내가 너희들이 가지고 있는 생명과 재산도 지켜주고 인정해주는 대신 너희들이 나에게 세금을 바치기로 한다면 어떻겠니?

이것이 사회계약론의 핵심이다. 왕은 세금을 받을 권리를 사회계약론으로부터 확보한 것이고 부르주아지는 재산과 생명의 안위를 왕으로부터 보장받게 된 것이다. 그러면서 존 로크의 소유권이라는 개념이 이론적 바탕이 된 것이다.

그렇다면 중상주의 시대를 지나 산업혁명이 일어나면서 어떤 것이 생산수단으로 더 중요해졌을까? 단연코 기업이다. 왜냐하면 농업은 생산성 향상이 일어나지 않기 때문이다. 생산성 향상은 적은 노력으로 커다란 부가가치를 일으키는 것이 핵심이다. 그런데 왜 농업은 생산성 향상으로 커다란 부가가치를 일으킬 수 없을까? 논에서 쌀 한 가마니가 통일벼 등의 품종개량으로 쌀 두 가마니는 나와도 100가마니는 나오지 않기 때문이다.

그런데 기업은 그것이 가능하다. 마이크로소프트의 윈도우는 처음 만들 때 5000억 원쯤 들었다 하더라도 2번째 CD부터는 아예 돈이 들어가지 않는다. 그러니 처음이 어렵지 무한의 부가가치를 만들어 내는 것은 제조업, 서비스업을 하는 기업이지 농업이 아니다.

그래서 '기업의 주식'이 중요한 시대로 접어들었던 것이다.

4장.
재건축, 재개발, 리모델링…, 가능한 곳과 불가능한 곳

이런 의문을 가져본 적은 없는가?

'20층 정도 되는 아파트의 재건축이 되지 않으면 어떻게 되나?'

집을 가진 사람에게는 다소 불편한 질문이다. 상가와 주택을 가지고 있는 나에게도 상당히 불편한 질문이다. 그러나 대부분의 사람들은 이런 의문이 있어도 지금은 월세가 나오니 애써 외면한다.

재건축과 재개발은 용적률로 계산한다. 용적률이란 5층짜리 아파트가 오래되어 재건축을 하게 되면 15층 아파트로 재건축 하는 방식이다. 불어난 10층만큼 일반분양을 해서 아파트 재건축 비용을 대면 된다.

만약 용적률이 안 되면 어떤 방법을 쓰는가? 리모델링을 한다. 15층짜리 아파트를 15층짜리로 다시 리모델링 하는 것이다. 여기에는 돈이

들어간다. 그런데 조합원의 돈이 없다면 어떻게 되는가? 더 이상 짓지 못하고 아파트는 슬럼화가 진행된다.

여기에 변수가 하나가 더 있다. 바로 가격이다. 만약 15층짜리 아파트인데 아파트 평당 가격이 1500만 원이었다. 그런데 아파트 평당 가격이 올라 3000만 원이 되었다. 그렇다면 15층짜리 아파트를 다시 15층으로 부수고 지어도 1500만 원 만큼의 돈이 더 있으니 일반분양분이 없어도 재건축을 할 수 있다.

그렇다. 재건축, 재개발은 용적률과 가격으로 한다. 그런데 만약 조합원이 돈이 없는 지역이거나 가격도 오르지 않는 지역은 어떻게 해야 하나? 참으로 난감한 문제에 빠지고 만다.

외국에서는 흔히 볼 수 없는 풍경이다. 왜냐하면 외국은 대부분 단독주택에 살고 아파트에 살지 않는다. 그런데 우리나라는 아파트 공화국이라 불릴 만큼 아파트가 많다. 그래서 이러한 고민이 생기는 것이다.

외국의 예가 아주 없는 것은 아니다. 홍콩에 이런 예가 있다. 홍콩은 아파트 그것도 60층, 70층짜리 아파트가 60년이 넘게 된 곳이 있다. 구룡반도의 침사추이 같은 곳이다. 무려 60년 전에 지어져서 집의 구조나 배관 등이 엉망이다. 그래서 슬럼화가 되었다. 그런데 너무 높이 지어져서 재건축은 꿈도 못 꾼다. 아직도 사람이 살기는 하지만 을씨년스럽기가 이루 말할 수 없을 정도다. 홍콩이란 동네가 워낙 땅덩어리가 좁은데다가 아파트 가격이 올라서인지 주로 저소득층이 이곳에서 산다.

이제 우리나라로 눈을 돌려보자. 증거를 찾아야 한다. 실제로 재건축과 재개발이 진행되는 동네가 많은지 살펴봐야 한다. 서울에서 가장 외곽으로 떨어진 곳에서 재건축 하는 동네가 어디인가? 광명의 철산동 재건축 정도가 아닐까? 그러나 철산동 재건축은 5층짜리 아파트를 부수고 20층짜리로 지은 재건축이다. 아파트 평균가격도 1000만 원이 넘고 저층 아파트를 재건축한 경우다. 그러니 중층 아파트를 재건축한 경우가 아니다.

분당에서는 리모델링을 한다고 한다. 20층짜리 아파트를 20층으로 말이다. 그러나 말만 많지 리모델링이 활발하게 진행되지는 않는다.

서울은 재건축을 하는 곳이 많다. 강남은 당연히 재건축이 가능하다. 왜냐하면 강남구 아파트 평균가격이 3500만 원에 달한다. 서초구도 3200만 원, 송파구는 2500만 원이다. 한강변이 보이는 곳은 무려 1억 원이 넘기도 한다. 강남은 다른 구에 비해 1000만 원에서 2500만 원 정도 비싸다. 그래서 재건축이 활발하며, 중층 재건축인 은마, 압구정 현대, 잠실주공 5단지 재건축 얘기가 나오는 것이다.

이 증거를 통해 우리가 알 수 있는 사실은, '강남은 되어야지 재건축이 된다'는 것이다. 그렇지 않은 동네는 중층 재건축은 꿈도 못 꾼다.

그러니 강남3구를 제외한 서울을 포함한 대한민국의 모든 곳은 홍콩처럼 슬럼화될 가능성이 있다. 홍콩은 그나마 낫다. 땅이 워낙 좁아서 슬럼화가 돼도 갈 곳 없는 사람은 그곳에 들어와 산다. 최소한 공실은 나지 않는 이유다.

그런데 우리나라는 어떤가? 그 정도로 땅이 좁지 않다. 그리고 홍콩처럼 비싸지 않다. 홍콩의 비싼 동네는 평당 5억이다. 32평이 150억 하는 나라가 바로 비좁은 홍콩이다.

그런데 우리나라 강남3구를 제외한 중층 재건축은 일부 가능성이 있는 지역인 목동, 분당 정도만 재건축이나 리모델링이 가능하고, 이 역시도 아파트 가격이 올라줘야 가능한 시나리오다. 현재처럼 가격 오름세가 지지부진하면 재건축은 힘들다.

재개발을 보자.

재개발이 된 동네가 도대체 어디인가? 2000년대 초반에 정말 아파트 가격이 쌀 때 인천에서도 재개발은 있었다. 만수동과 같은 동네 말이다. 그러나 2008년도 금융위기 이후 인천의 재개발 구역이 128군데나 되는데 어디 하나 재개발 한다는 소문이 없다. 그러니 인천에서 재개발 된다는 것은 정말 힘든 일이다.

서울에서는 은평구 이상 재개발이 된 증거를 찾을 수 있다. 왜 은평구인가? 은평구 아파트 평균 가격이 1300만 원이다. 성북구가 은평구보다 조금 더 비싸다. 그러니 은평구 이상이 재개발 된 증거이다. 은평구는 은평뉴타운, 성북구는 장위뉴타운, 길음뉴타운으

로 재개발 된 선례가 있다. 그러니 은평구 이하는 재개발이 힘들다는 얘기와도 같다.

2018년 하반기 흐름처럼 분양권 시장이 죽고 재건축도 초과이익 환수제가 부활하면 재건축도 죽게 된다. 이에 건설사들은 앉아서 손가락만 빨 수 없으니 재개발에 목숨 걸고 뛰어들 것이다. 그래서 그 이하도 재개발 되는 수요가 있을 수 있다.

그런데 만약 분양에 실패하면 어떻게 되는가? 분양을 했는데 일반분양분이 막대하게 미분양이 난다거나 하는 상황 말이다. 그러면 재개발로의 쏠림은 더 이상 없을 수 있다. 건설경기 빙하기의 시대로 돌입하는 것이다.

경기 일부 지역(예를 들면 성남, 안양 등)부터 재개발이 있을 수 있으나 사실 쉬운 일은 아니다. 그렇다면 경기의 대부분은 재개발이 힘들고 인천은 아예 힘들다.

자 생각을 해보자.

빌라를 왜 사는가? 재건축, 재개발 때문에 산다. 그러나 현실적으로 서울 지역 이외에 재건축, 재개발이 힘들다면 이 빌라들은 어떻게 되는가?

아파트를 왜 사는가? 재건축 재개발 때문에 산다. 그러나 중층이라면 서울의 강남 3구 빼고는 거의 재건축이 힘들다. 리모델링도 서울의 한강변, 목동과 분당 정도를 빼면 리모델링이 힘들다.

그 이외의 지역은 어떻게 되는가? 즉 아파트, 빌라 등 주택은 모두 소비재가 된다. 내가 월세에서 이자를 빼고 10만 원이 남는가? 그런데 내 집값이 3억 원이라면 10만 원씩 모아서 언제 3억 원이 되는가? 3000달이고 250년이 걸린다. 지금 20만 원씩이 남는다면 125년이 걸린다. 결론은 갭투자 월세로는 집값 회수가 불가능하다는 사실이다. 그러니 그 전에 팔아야 한다.

그러나 아파트에 사는 모두가 걱정할 문제는 아니다. 현재 20년 정도 된 아파트는 그래도 앞으로 20년 정도는 되어야 재건축 얘기가 나올 것이다. 그러니 그 전에 팔면 간단히 문제가 해결된다.

상가의 경우를 살펴보자.

상가는 용적률을 모두 뽑아먹은 상태다. 20층짜리로 지을 수 있는데 5층 정도로 지은 것 빼고는 용적률은 거의 다 뽑아먹은 상태라는 얘기다. 그런 경우에는 서울의 대로변 빌딩과 서울의 5대 상권(강남, 홍대, 건대입구, 신촌, 명동) 빼고는 재건축이 불가능하다. 경기, 인천을 비롯한 대부분의 지방은 상권의 재건축이 불가능하다는 얘기가 된다.

문제는 여기서부터 시작된다. 재건축이 불가능한 지역의 상권이 앞으로 20년 정도가 지나면 어떻게 되는가? 슬럼화가 진행된다. 슬럼화가 진행된다는 의미는 상권이 바뀐다는 말과 일맥상통한다. 사람들로 북적

거리던 거리가 점차 한산해지면서 찾는 사람이 뜸한 곳으로 점차 바뀌어 간다. 이처럼 상권이 바뀌면 기존 지역에는 공실이 발생한다.

물론 그 전에 교통, 대기업, 유동인구의 이동 등으로 상권이 바뀐다. 그럴 경우에도 공실은 불가피하다. 그래서 상가는 핫플레이스나 법원 바로 앞 빌딩을 사도 불안한 것은 마찬가지다. 그러나 이것도 걱정할 필요는 없다. 20년 된 상가도 다시 20년이 지나야 재건축에 관한 얘기가 나올 것이기 때문이다.

우리가 생각해봐야 할 것이 있다. 주택, 상가로 대변되는 부동산은 과연 영원한 것인가? 뜬금없지만, 부동산에 대한 근본적인 의문이다. 사람들은 우리가 신흥국에서 선진국으로 진입하는 과정에서 부동산으로 돈을 벌었다. 그러나 현재는 선진국도 아니지만 신흥국도 아니다. 굳이 따지자면 선진국에 가깝다. **그러니 과거 부동산 공식이 영원할 것이라 생각하면 안 된다.**

재건축이 안 되면 슬럼화 된다. 슬럼화가 되는 주택, 상가는 최종적으로 자식에게 대물림이 되는 영원한 재화가 아니다. 만약 인구가 현재보다 늘어난다면 고쳐 쓸 것이다. 그러나 인구는 유지도 힘들뿐더러 줄어들지 않게 하는 것만도 벅찬 상황이다.

이민을 통한 인구 증가도 힘들다. 일본보다 우리나라가 이민에 훨씬 부정적이다. 차이나타운이 일본에는 있는데 우리나라에 없는 것만 봐도 이민은 우리나라에서 허용이 안 된다. 그렇다면 남아도는 집이나 상가에 대한 대책은 앞으로 불투명하다.

부동산은 지대라 했다. 왜냐하면 토지였기 때문이다. 토지는 농업에서 영원한 생산요소다. 끊임없이 농산물을 생산해 낼 수 있다. 그래서 지금까지 대물림이 가능했다.

그러나 우리가 가지고 있는 주택과 상가는 영원하지 않다. 그리고 앞으로 20년 정도의 기한이 남아있다. 그 기한이 다 가오기 전에 팔거나 아니면 재건축이 가능한 서울의 요지로 갈아타야 한다.

그러나 불가능한 시나리오이다. 아니 일부에게만 가능한 시나리오다. 왜냐하면 요지의 부동산은 적고 가격이 높기 때문이다. 따라서 주택과 상가는 지금 이 시점에서 우리가 계속해서 사야 하는가에 대한 근본적인 물음에 대해 답을 하고 작전을 짜고 매입해야 한다.

그런 면에서 서울은 매력적이다. 역세권이나 강남을 비롯한 곳은 더욱 더 매력적이다. 차별화 되면서 빨대효과를 보일 것이기 때문이다.

결론을 말하자면, 앞으로 자식들에게 물려줄 것은 재건축이나 재개발이 가능한 주택이나 상가여야 한다. 서울의 강남이나 역세권이 될 터이다. 토지도 괜찮다. 공실의 위험이 없고 대를 이어간다 하더라도 슬럼화될 가능성이 없다. 임야건 농지건 끊임없이 재생된다.

주식은 더욱 매력적이다. 100년 이상 된 기업도 있는 마당이다. 그리고 기업은 끊임없이 재생된다. 그들 중에서도 망하는 기업은 있을 것이다. 그러나 그렇다 하더라도 레버리지를 이용하지 않았다면 크게 위험은 없다. 지금까지 투자한 돈만 날리면 되지 쓰지도 않은 레버리지까지 내가 책임져야 하는 것은 아니기 때문이다.

그런 면에서 상가, 주택은 레버리지를 크게 일으키는 상품인 만큼 위험성을 내포하고 있다. 우량한 물건은 최소 3억 원 정도 되어야 하는데 공실과 슬럼화가 되면 월세는커녕 이자와 원금을 동시에 갚아야 한다. 그렇다면 레버리지는 고스란히 내 빚으로 남는다. 그래도 주택이나 상가가 부동산이니 남는 것이라 생각되는가?

핵심은 이렇다. **재생될 수 없다면 언젠가는 죽을 수밖에 없고, 쓰고 나면 버려지는 소비재라는 것이다.**

5장.
대한민국 아파트 (재건축)의 미래

가장 비싼 단독주택은 이명희 회장의 한남동 집…대한민국 최고 부촌은 이태원로

올해 표준단독주택 공시가격이 가장 비싼 주택은 143억원에 달하는 이명희 신세계 회장의 서울 한남동 집으로 나타났다. 이 집은 대지면적 1758.9㎡, 지하 2층~지상 1층, 연면적 2861.83㎡이다. 지난해에도 전국 최고가를 기록했던 이 집은 2013년 윤석금 웅진그룹 회장으로부터 이 회장이 매입한 것으로 알려졌다.

1일 국토교통부가 공시한 올해 1월 1일 기준 전국 표준단독주택 19만 가구의 공시가격을 보면 공시가격 상위 10개 주택 가운데 7곳이 이태원로(옛 한남동·이태원동) 일대인 것으로 나타났다. 이 일대가 국내의 대표적인 부촌이라는 사실이 다시 한 번 확인된 셈이다.

_2017년 2월 1일자 조선일보

이 기사에 따르면 우리나라에서 가장 비싼 동네의 집값은 143억 원에 달한다. 투자자라면 이 기사를 보고 느끼는 점이 있어야 한다. 바로 이 곳을 사야 한다는 사실이다. **가장 좋은 곳에 집을 사는 것이 가장 안전한 투자법이기 때문이다.**

좋은 곳을 사야 가격도 많이 오르고 안전하다는 사실을 알고는 있다. 그런데 한 채당 가격이 너무 비싸기 때문에 알고도 사지 못한다는 데 문제가 있다. 집 한 채에 150억 원인데 갭투자를 한다고 하더라도 전세 30억 원은 받을까? 나머지 100억 원이 넘는 비용은 어디서 마련할까? 그러니 이런 곳은 먹기 좋은 떡인지 알면서도 포기해야 한다.

그렇다면 어디를 사야 하나? 다음으로 집값이 높은 곳은 강남이다. 압구정 현대는 30억 원이다. 결국 이곳도 살 수가 없다는 결론이 나온다.

서민이 살(Buy) 수 있는 동네는 강북이나 경기권 아파트 정도로 볼 수 있다. 그러면 이 곳은 전 세계에서 몇 등이나 될까? 전 세계 75억 개의 집 중에서 몇 등이나 될 것이냐는 얘기다. 순위는 형편없이 낮을 수밖에 없다. 그러니 세입자에게 월세를 받는 일은 요원하다.

원래는 어디를 사야 하는가? 바로 세계1등의 주택을 사야 한다. 뉴욕의 맨하튼이나 런던의 메이페어와 같은 부촌 말이다. 그러나 한 채당 가격이 너무 비싸기 때문에 우리는 세계1등의 부동산을 살 수 없다. 그래서 돈에 맞추어 아파트를 사는 것이다. 마치 수능시험을 보고 점수에 맞춰 대학을 고르는 것과 같다.

수능시험을 보고 가고 싶은 대학은 어디인가? 당연히 스카이다. 그런데 받은 점수가 평균 5등급이다. 어디를 가야 하는가? 지방에 있는 대학 중 점수에 맞춰 가야 한다. 그래서 교통을 따지고 통학버스가 있는지 따지고 학교는 정해놓고 그 안에서 과를 따지는 것 아닌가? 그런데 왜 이런 고민을 하는가? 5등급이기 때문이다. 그래서 점수에 맞춰 가야 한다.

아파트도 마찬가지다. 내가 사고 싶은 아파트는 바로 잠원동 아크로리버 파크처럼 한강변이 보이는 강남아파트다. 그런데 왜 못 사는가? 가진 돈이 부족하기 때문이다. 그래서 수능 5등급과 같이 점수에 맞춰 사야 하는 것이다. 그러나 이렇게 아파트를 샀을 경우 문제가 생긴다.

문제가 발생하는 가장 큰 원인은 아파트는 40년이 되면 수명이 끝나기 때문이다. 우리나라도 일본처럼, 늙은 아파트가 쌓여간다.

부산 보수동 A아파트 역시 노후 주택이 밀집한 '달동네' 꼭대기에 있어 건설사들이 재건축 사업지로 거들떠보지도 않는다. 부산 중구청 담당자는 "40~50년 된 노후 아파트 주민들은 재건축 조합을 만들어도 건설사들이 관심이 없고, 이사를 하고 싶어도 돈이 없어 못 가는 저소득층이 대부분"이라고 말했다.

_2018년 10월 19일자 조선일보

이 기사를 보자. 부산의 중구는 40년에서 50년이 지난 노후 아파트가 조합을 만들어도 아무도 관심을 쏟지 않는다는 것이다. 사업성이 안 나오기 때문이다.

사업성은 어디가 나올까? 보통 사업성을 생각할 때 용적률이 어떻고 위치가 어떻고를 따진다. 그러나 그렇게 따져서는 직관적이지 않다. 왜냐하면 그렇게 따진들 그곳이 정말 사업성이 나오는지는 건설회사가 붙어서 재건축을 해 봐야 아는 것이고 그렇지 않은 곳은 증거가 없다는 것이다.

증거를 찾는다면 어떻게 찾을 수 있는가? 바로 재건축을 했는지 여부를 따지면 된다. **저층 아파트는 재건축한 경우가 있는가? 다수 발견된다.** 앞서 얘기했지만 저층 아파트란 5층 이하의 아파트를 말한다.

그러나 중층(10층 이상)으로 따지면 이야기는 달라진다. 우리가 흔히 듣는 잠실주공5단지, 은마아파트, 압구정 현대아파트 등은 중층인데 대단지이다. 만약 대단지가 아니라면, 이촌현대, 잠원한신로얄 등 48곳은 리모델링의 길이 트였다.

11일 서울시에 따르면 지난 5일 열린 도시계획위원회에서 '아파트지구 내 공동주택 리모델링 사업 방안' 안건이 자문을 받았다. 아파트지구는 옛 도시계획법상 용도지구 중 하나로 아파트를 집단적으로 건설하기 위해 지정한 지구다. 서울시가 1976년 지정한 잠실, 반포, 여의도, 서초, 압구정, 이촌동 등이 대표적인 아파트지구다. 이들 지역 아파트 대부분이 노후주택이지만 현행법상 아파트지구에서는 '도시 및 주거환경정비법'이 적용돼 재건축만 가능했다. 주택법 적용을 받는 리모델링이 불가능해 리모델링 사업이 중단돼 있었다.

서울시 관계자는 "아파트지구 내에서 기존 용적률이 높은 48개 중층단지(10~15층)는 재건축이 불가능했다"며 "법적 장치가 마련돼 있지 않아 대안인 리모델링사업마저 불가능한 상황이었다"고 설명했다. 용적률은 건축물 총면적을 대지 면적으로 나눈 비율이다.

_2017년 4월 11일자 한국경제

이 기사를 보면 주택법 적용을 받기 때문에 재건축에서 리모델링 사업으로 돌렸다는 얘기가 나온다. 그런데 동네 이름만 들어도 부촌의 향기가 풍긴다. 잠실, 반포, 여의도, 서초, 압구정, 이촌동 등이다.

그런데 대단지가 아니면 재건축이 힘들어서 겨우 리모델링 사업으로 돌렸다는 얘기다. **강남을 비롯한 서울의 유망도심지도 대단지가 아닌 중층 아파트는 재건축이 안 될 수도 있다는 결론이 된다.** 이와 같은 증거는 여러 기사에서 발견할 수 있다.

신도시에만 낡은 아파트 29만 가구… 재건축 접고 리모델링해야

이 단지는 용적률(대지면적 대비 건물 연면적 비율)이 200%에 달해 사실상 재건축이 불가능하다. 현행 법규상 재건축할 때 용적률은 최대 300%까지 가능하지만, 임대주택이나 기부채납 면적을 빼면 실제 아파트에 적용되는 용적률은 250~270%에 그친다. 이 때문에 기존 주택 용적률이 200% 이상이면 재건축을 해도 수익성이 떨어지는 것으로 판단해 사업 추진이 쉽지 않다.

서울 용산구 C아파트는 지어진 지 43년 됐지만, 용적률이 263%에 달해 재건축 추진이 되지 않고 있다.

_2017년 3월 30일자 조선비즈

서울 용산의 C아파트는 무려 43년이 되었는데도 용적률이 263%에 달해 재건축 추진이 안 된다고 한다. 우리가 만약 중층 아파트에 25년째 살고 있고 재건축을 기대하고 있다면, 먼저 확인해 봐야 할 일이 있다. 우리 아파트에 플래카드가 걸려 있는가? 내용은 다음과 같다.

"경축! OO 아파트 안전진단 의뢰"

그런데 이런 종류의 플래카드를 눈을 씻고 봐도 찾을 수 없다면, 재건축이 안 될 수도 있다는 사실을 의심해 봐야 한다. 왜냐하면 강남은 30년이면 재건축 가능연한이다. 그래서 25년째가 되면 재건축을 하려고 안전진단을 맡긴다.

그런데 우리가 사는 아파트가 25년이 되었고 중층아파트인데 아직도 안전진단을 들어가지 않았다면 뭔가 잘못 돌아가고 있다는 사실을 눈치 채야 한다. '되겠지' 하고 무사태평으로 기대만 하고 있을 것이 아니라, 증거를 찾아야 하고, 증거가 없다면 막연한 기대를 해서는 안 된다는 말이다.

아파트는 지은 지 40년이 지나면 사람이 살 수 없는 곳이 된다. 그래서 주택의 수명을 일반적으로 40년을 잡는다. 이 집은 더 이상 사람이 살 수 없다는 사실을 가장 먼저 아는 사람이 누구인지 아는가? 바로 세입자이다.

세입자가 가장 빨리 이 사실을 알고 아파트를 뜨는 이유는, 40년이나 된 아파트를 월세나 전세로 살 이유가 없기 때문이다. 아니 40년이 아니라 35년만 되어도 세입자가 빠져나가 버린다.

우리나라에 35년 정도 된 아파트를 찾아보자. 바로 강남에 있다. 왜냐하면 좋은 동네일수록 가장 빨리 아파트가 생겼기 때문이다.

은마아파트에 가서 근처 부동산을 들려 사장님께 물어보라. 가능하면 집을 한번 보는 것도 좋은 방법이다. 지금 그 집에 살고 있는 세입자에게 배관은 어떤지 사는 데 불편한 점은 없는지 반드시 물어봐야 한다.

아마도 녹물이 너무 나와 살 수 없다는 말을 들을 것이다. 그 당시 지어진 아파트는 배관이 엉망이다. 요즘처럼 품질 좋은 배관이 아니라, 아연도강관을 썼기 때문이다.

80년 된 美빌딩은 멀쩡, 30년 된 한국 아파트는 재건축

전문가들은 우선 '재료'가 다르다고 말한다. 김수암 한국건설기술연구원 선임연구위원은 "국내 아파트 건설용 철근콘크리트의 콘크리트 두께는 30㎜ 정도로, 예나 지금이나 큰 차이가 없다"며 "100년 가는 아파트라면 이 두께가 50㎜ 정도는 돼야 한다"고 말했다. 건설업계 관계자들은 "국내 아파트는 설계 단계에서 설계수명을 40년 정도로 잡고 철근의 양과 콘크리트 강도 등도 거기에 맞춘다"고 말했다.

철근콘크리트 안에 묻힌 수도관과 전선(電線) 내구성이 문제라는 지적도 있다. 1990년대 이전에 지어진 아파트는 녹이 잘 슬지 않는 스테인리스강(stain less steel)이 아닌 가격이 저렴한 아연도강관을 배관으로 사용해 녹물이 나오는 경우가 많다. 전명훈 LH(한국토지주택공사) 수석연구원은 "1970년대에 지어진 아파트도 심각한 부실이 아니라면 50년 정도는 버틸 수 있지만, 배선과 배관 노후화가 큰 문제"라고 말했다.

_2017년 3월 30일자 조선비즈

왜 한국은 30년만 지나면 급격히 재건축아파트로 갈 수밖에 없는가? 콘크리트 두께가 50mm 정도는 되어야 하는데 한국은 30mm 정도로 두께를 맞추기 때문에 30년이면 노후화가 급격히 진행된다. 두께가 얇은 이유는 건축비를 줄이기 위해서였다.

대한민국의 상황을 보자. 1기 신도시나 80년대 그리고 현재도 아파트 청약을 하면 로또다. 즉 아파트를 사고자 하는 사람들이 줄을 서서 기다린다. 상황이 이러한데 어떤 건설회사가 50mm로 두께를 맞추겠는가?

건설비가 2배가 아니라 3배, 4배가 될지도 모르는데 말이다. 두껍게 지은만큼 콘크리트의 양, 철근의 양, H빔의 양이 배는 더 들어간다.

당신이 건설업자라고 가정하고, 아파트를 튼튼하게 지을 이유가 있을지 상상해 보라. 인기 있는 지역은 경쟁률이 400대1씩 나온다.

그래서 한국의 주택수명은 40년이다. 그리고 세입자가 '이 아파트 너무 오래 되어서 이젠 살 수 없어'라고 생각하고 떠나는 때는 길어야 35년이다.

그런데 35년이 지나면 집주인은 어떻게 해야 하는가? 어쩔 수 없이 35년이나 되어서 사람이 살기 힘든 아파트에 들어가야 한다. 왜냐하면 세입자가 더 이상 전, 월세로 들어오지 않기 때문이다. 더구나 내 아파트는 은마아파트가 아니다.

은마아파트는 재건축이 당연히 되며, 게다가 35년이 지나 녹물이 나와도 8학군의 명문학교를 집어넣을 수 있고 근처의 대치동 학원가를 보낼 수 있기 때문에 수요자의 발길이 끊이지 않는다. 내가 그 집에 들어갈 이유가 없다.

설상가상으로 내가 갖고 있는 집이 30년 이상 된 집으로만 여러 채라면 어떻게 될 것인가? 다 들어갈 수 없지 않은가? 그래서 결국 세입자 문제로 골치를 썩이게 된다. 게다가 세입자가 나가면 대부분의 집주인들은 집을 내놓게 되어 있다.

A와 B, C가 잇따라 집을 내놓으면 어떤 일이 벌어지는가? 집값의 하락이 이어진다. KB시세가 떨어진다는 말인데 집의 담보가치가 떨어져

결국 원금상환을 해야 할 상황에 처하게 된다. 나이 80살에 원금상환을 할 수도 있다.

결국 어떻게 되는가?

지은 지 48년, 월세 7만 원… "붕괴위험 경고장 보고도 그냥 살죠"

요네야마 히데타카(米山秀隆) 후지쓰경제연구소 연구원은 "2014년 기준 일본 전체 아파트의 공실률은 2.4% 수준이지만, 40년 이상 아파트의 공실률은 10%가 넘고, 45년 이상은 15%로 급증한다"고 분석했다. 김덕례 주택산업연구원 주택정책실장은 "사업성 없는 노후 아파트는 탈출 전략이 없는 게 사실"이라고 말했다.

_2017년 3월 29일자 조선비즈

일본의 예처럼 사업성이 없는 아파트는 탈출전략이 없다는 말로 결론지어진다. 그러나 우리나라는 40년 이상 된 아파트가 많지도 않을뿐더러 그런 아파트가 거의 강남과 같은 서울의 유망지역에 있기 때문에 버틸 수가 있다. 그러나 만약 수도권이나 지방과 같이 빈 땅에 얼마든지 새 아파트를 지을 수 있다면 어떻게 될까? 그야말로 빈집이 되는 것이다.

왜 수도권이나 지방이 위험한지 생각해 보자.

아파트를 지을 때 건설회사에서 좋아할 만한 곳은 신도시일까? 재개발, 재건축일까? 바로 신도시이다. 신도시는 건설사가 분양에 성공했을 경우 모든 이익을 건설회사가 가져간다. 그런데 재개발, 재건축은 어떤가? 개발이익을 조합원과 나눠야 한다. 그러니 이익이 커질 리가 없다.

그래서 건설사들은 신도시 분양을 할 수 있다면 적극적으로 뛰어든다. 그리고 수도권과 같은 곳도 지역주민들이 신도시의 아파트를 선호하지 재건축 된 구도심 아파트를 좋아하지 않는다. 오래되고 이미지가 안 좋고 언덕이 많고 주변시설이 신도시에 비해 떨어지기 때문이다.

그러니 건설회사가 굳이 구도심에 아파트를 지을 리가 없다. 결국 수도권, 지방은 재건축 아파트가 들어서기 더 힘든 형편이다. 게다가 더 심각한 문제는 낮은 분양가에 있다.

이 문제 역시 증거를 통해 미래를 예측해야 한다. 막연한 기대나 생각, 주변에서 들은 이야기만으로는 그 어떤 미래도 내 생각대로 되지 않고, 내 예상대로 흘러가지 않기 때문이다.

서울에서 뉴타운 아파트로 재개발이 된 곳은 은평구에 은평뉴타운, 성북구에 장위뉴타운, 길음뉴타운 등이 있다. 이들 아파트 평균가를 보면, 은평구는 평당 가격이 1309만 원, 성북구는 1315만 원이다.

지역	평당가격
강남구	3,483
서초구	3,181
송파구	2,405
용산구	2,389
양천구	1,960
마포구	1,868

강동구	1,857
광진구	1,831
성동구	1,792
중구	1,766
영등포구	1,645
종로구	1,628
동작구	1,616
강서구	1,459
서대문구	1,392
동대문구	1,335
관악구	1,322
성북구	1,315
은평구	1,309
구로구	1,231
노원구	1,206
강북구	1,156
중랑구	1,136
금천구	1,080
도봉구	1,076

"착한 분양가" 한강신도시 운양동 마지막 900만 원대 단지는?

– 김포 한강신도시 운양동서 900만원대 분양한 '이랜드 타운힐스' 1순위 최고 88대 1 기록

– 한강신도시 주거선호도 가장 높은 운양동서 분양하는 '한강신도시2차 KCC스위첸' 주목

2기 신도시 김포 한강신도시가 달라지고 있다. 특히 한강신도시 내에서도 착한 분양가로 공급되는 900만원대 아파트가 수요자들의 관심을 독차지하고 있다.

이랜드건설이 최근 경기 김포 한강신도시 Ab-12블록에서 공급한 '이랜드 타운힐스'는 457가구 모집에 최고 88 대 1, 평균 9 대 1로 1순위 청약에서 전 주택형이 마감됐다. 김포 K공인 관계자는 "주변 시세보다 3.3㎡당 100만원가량 저렴한 990만원대에 공급돼 좋은 결과를 얻었다"며 "운양동에서 선보이는 단지 중 900만원대에 분양하는 아파트들이 큰 인기를 끌고 있다"고 말했다.

현재 운양동 내에서 이랜드 타운힐스와 같이 900만원대 착한 분양가를 갖춘 단지로는 '한강신도시2차 KCC스위첸'이 유일하다. 이 단지는 전용 84㎡ 분양가가 평당 910만원부터 책정된 데다 발코니 확장비 무료, 중도금 무이자, 현관중문 등 인기옵션 무상 제공 등의 혜택을 제공해 이랜드 타운힐스와 비교해도 가격 경쟁력이 높다는 평가를 받고 있다. 이 밖에도 최근 견본주택을 오픈한 '운양역 한신휴 더 테라스'도 운양동에서 공급되며, 3.3㎡당 평균분양가는 1100만원 후반이다.

_2015년 11월 18일자 동아일보

위는 김포의 한강신도시 중 운양동이란 곳의 아파트 분양가가 900만원이라는 기사다. 그렇다면 수도권의 새 아파트, 선호하는 신도시 아파트가 무려 900만 원에 아파트를 분양하는데 구도심의 아파트가 뉴타운이 된 증거는 비록 서울이라 비교가 딱 들어맞지는 않지만 1300만 원대라는 얘기다.

이렇게 낮은 가격에 신도시 아파트를 분양할 수 있는데 건설회사 입장에서는 조합원들과 끊임없는 총회와 감정평가, 추가부담금을 얘기하는 부담 속에서 신도시 아파트를 지으려 할까? 아니면 구도심에 재개발을 하려고 할까? 당연히 할 수만 있다면 신도시 빈 땅에 아파트를 지으려 할 것이다. 그리고 지역주민들도 신도시 아파트를 더 원한다.

그리고 리모델링이 되지 않는 결정적인 증거가 있다.

"노후아파트, 재건축보단 리모델링을"

허윤경 건산연 연구위원은 "리모델링을 통해 가구당 면적이 12평(39.6㎡) 늘어나는 경우 약 2억7000만원의 분담금이 발생한다"며 "입지가 좋고 조합원들이 금전적으로 여유가 있어야 리모델링이 가능하다"고 했다.

_2018년 10월 18일자 조선일보

리모델링을 하는 데 있어서 가장 큰 문제점들은 무엇일까? 12평을 늘리려면 얼마가 들어가는가? 2억 7000만 원의 분담금이 들어간다고 한다. 그렇다면 앞의 기사에 나온 운양동의 평당 900만 원 아파트를 32평형으로 분양을 했을 때 2억8800만 원이라는 계산이 나온다. 리모델링

분담금이 새 아파트 가격에 육박하는 동네에서 리모델링을 할 수 있을까? 당연히 불가능하다.

그렇다면 앞으로 10년 후가 되면 또는 시간이 지나면 리모델링이 쉬워질까? 아니면 어려워질까? 어려워질 것이다. 왜냐하면 10년 후가 되면 베이비붐 세대가 80세를 넘기기 때문이다. 나이 80에 2억 7000만 원을 주고 12평을 늘릴 노인이 있을까? 오히려 줄이지 않으면 다행이다.

그리고 현재의 50대도 10년이 지나면 60대가 된다. 우리나라에서 가장 많이 태어난 X세대도 시간이 지날수록 매수자에서 벗어나므로 리모델링 수요는 더더욱 줄어들 것이다.

[Why] 시골만큼 심각한 '도심 소멸'… 20년 뒤에 부산 영도는 없다?

"영도 신선동이나 영도 청학동에는 빈집이 200~300채씩 있어요. 그 빈집이 사람을 몰아내는 겁니다."

"어릴 적 살던 동네라 애착이 많아요. 근데 살 수가 없어요. 동네서 할 일거리가 없어요."

_2018년 1월 20일자 조선일보

지방은 이미 도심소멸이라는 말까지 나오고 있다. 부산의 영도는 사람이 살지 않는 아파트가 여러 곳이다. 도심인데도 말이다.

이제 해법을 찾아보자. 해법 역시 실제 일어나고 있는 증거를 통해 수집해야 한다.

아파트는 어디서 왔는가? 애초 우리나라에는 없던 건물 형태다. 유럽에서 왔다고 생각하면 된다. 유럽을 잘 사는 서유럽과 못 사는 동유럽으로 나눠보자. 서유럽의 오래된 아파트는 어떻게 사용이 되고 있는가? 서유럽은 잘 사는 동네다. 그래서 오래된 아파트를 임대주택으로 돌리고 난민들에게 임대를 해주는 방식을 취한다.

그런데 문제는 동유럽이다. 소득수준이 낮기 때문에 국가가 오래된 아파트를 개인에게 매입하기 어렵고, 그렇기 때문에 그대로 슬럼화 되는 일이 비일비재하다. **결국 오래된 아파트는 개인의 노후파산으로 이어질 가능성이 크다.**

Part 2.
앞으로 10년, 대한민국 부동산 최악의 시나리오 vs 최상의 시나리오

6장.
최상의 시나리오와 최악의 시나리오에 앞서

가격은 Price이고 가치는 Value이다. 가격은 변하는 것이고 가치는 변하지 않는 것이라고 한다. 투자의 교과서를 보면 투자는 가격을 보고 하면 안 되고 가치를 보고 해야 한다. 그러므로 가치는 변하지 않기 때문에 원래의 가치를 발견해서 저평가 되어 있다면 가지고 있다가 나중에 원래의 가치로 회복되면 팔고 나와야 한다.

맞는 말이다. 이를 부정하려는 뜻은 없다. 가격은 무엇일까? 단지 현재의 가치만을 나타내는 것일까? 나는 그렇게 보지 않는다.

가격은 어떻게 결정되는가? 누군가에 의해 가격이 매겨져 시장에서 팔리면서 결정된다. 철저한 자본주의 논리이며, 수익성과 관련이 있다. 수익성은 어느 일방이 정하지 않는다. 팔려는 사람과 사려는 사람 간에 합리적인 중간지점에서 결정된다.

여기서 사려는 사람이 중요하다. 사는 사람이 가격을 정하기 때문이다. 과거 막스 시절에는 팔려는 사람이 가격을 정했다. 노동가치설이 그 증거다. 노동가치설이란 쉽게 말하면 내가 이 물건을 만들었다. 그런데 내 노력이 한 시간만큼 들어갔다. 내 한 시간에 대한 가격은 1달러다. 그러니 나는 1달러를 받아야 적당하다. 이것이 노동가치설이다.

그러나 이것은 부정되었다. 당신이 1시간의 일을 했다고 하여 그 가격이 시장에서 받아들여지는 것은 아니다. 사려는 사람이 인정하지 않으면 원하는 가격을 받을 수 없다. 따라서 사는 사람이 가격을 정한다. 당신이 1시간의 일을 했건 100시간의 일을 했건 중요하지 않다. 100시간의 일을 했어도 나에게 필요 없는 물건은 대가를 지불하지 않는다. 대신 1시간의 일을 한 결과물이 좋으면 그것을 사는 것이다. 즉 팔려는 사람의 노동가치설이 아닌 사려는 사람의 효용(필요한 것)으로 판단한다는 것이다.

가격은 어떻게 정해질까? 자본주의 사회에서는 사려는 사람의 이윤동기로 정해진다. 사려는 사람이 이익이 남아야 그것을 산다는 말이다. 사려는 사람이 이익이 남지 않으면 사지 않는다.

이익이란 무엇인가? 현재의 가치만을 포함한 말일까? 아니다. 미래에 사려는 것을 포함한 말이다. 내가 살고 있는 아파트를 내놨다. 누군가 사려고 왔다. 사는 데 문제는 없다. 그런데 그 사람은 사지 않았다. 왜 사지 않느냐고 물어보니 앞으로 오를 것 같지 않아서란다.

이익은 미래의 가치까지 포함된 것이다. 그러니 현재의 가격에는 사용가치뿐 아니라 미래가치도 포함된 것이다. 이것은 부동산이나 주식에 해당하는 경우다. 만약 소비재라면 미래가치가 들어갈 리 없다.

소비재는 무엇인가? 의식주가 해당된다. 즉 먹는 것, 입는 것, 사는(living) 곳 등 생활에 필요한 모든 것들이다. 여기서 사는 곳을 부동산이라 한다면, 소비재는 Home, 투자재는 House가 되는 것이다. **우리나라의 부동산은 서울의 일부 지역을 빼고는 Home이 되어가고 있다. 왜냐하면 미래가치가 없기 때문이다.**

그런데 사람들은 미래가치가 있다고 믿기 때문에 House라고 우기지만 House의 의미는 서울의 일부지역을 빼고는 소비재가 된다.

왜 Home이 되는가? 사려는 사람들이 사는 것에 대한 가치를 느끼기는 하지만 투자가치가 없다고 느끼면 그렇게 된다. 사려는 사람들의 욕망을 자극해야 하는데 오래된 수도권이나 지방의 아파트가 사려는 사람의 강한 욕망을 느끼게 하지 못한다. **그래서 부동산에서 서울의 부동산은 가격과 가치가 동시에 존재하는 투자재가 된다.**

주식을 보자. 주식은 대부분이 가격보다는 가치가 더 중요한 요소다. 왜냐하면 가격이 중요하다면 사용가치가 있다는 뜻인데 사용가치는 배당이다. 배당을 주지 않는 주식은 미래가치가 있다는 뜻인데 미래가치도 없으면서 배당도 주지 않는다면 그것은 작전주이고 부실주에 불과하다.

그래서 주식은 항상 현재 돈을 벌고 있는가가 중요하지 않다. **돈을 벌지 않더라도 미래에 이 기업이 어떤 일을 할 수 있는가가**

더 중요하다. 그게 아니라면 현재 엄청난 배당을 줘야 한다.

은행주를 예로 들어보자. 현재 엄청난 돈을 벌고 있지만 미래는 불안하다. 핀테크가 위협하고, 블록체인이 등장하고, 화폐는 없어져서 전자 형태로 바뀌어가고 있다. 앞으로 전통적인 은행업은 미래가 없다. 예금을 받아 돈을 빌려주고 그 예대마진을 수익으로 삼는 전통적인 은행업이 그렇다는 말이다.

기업도 예금을 하고 개인도 예금을 해서 돈을 굴릴 데가 없다. 유일하게 부동산 담보대출로 생명을 유지하고 있는데 일본처럼 부동산 경기라도 죽는다면 돈을 굴릴 데가 없다. 원래 은행업은 미국의 투자은행처럼 기업에 돈을 빌려주거나 인수합병하는 식의 적극적인 투자가 아니라면 우리나라에서는 더 이상 발붙일 수 없을 것이다. 그러니 미래가 없다.

은행업종의 PBR은 0.5에 불과하다. PER은 10 이하고 배당도 3%가 되지 않는다. 미래도 없어서 주가가 오르지 않는다. 투자가치가 없다는 말이다.

반면 이와 반대편에 서있는 기업이 있다. 테슬라를 예로 들 수 있다. 엄청난 적자를 내며 배당도 지급하지 않지만 주가는 올라간다. 이런 주식은 위험하지만 가격은 올라간다.

이 둘의 중간에 위치한 기업이 있다. 수익도 내면서 미래가치도 있는 주식이다. 그런 주식을 우량주식이라고 한다. 그렇다면 우량주식과 우량부동산은 어떻게 찾아내나? 가격이다. 가격 이외에는 없다. 현재 비싸다면 그것은 미래가치가 반영되었다고 볼 수 있다.

그런 부동산과 주식이 오른다. 그런데 사람들은 비싸다고 말한다. 아마존은 한 주당 가격이 1500달러가 넘고, 강남 아파트는 10억이 넘는다. 너무나 비싸다고 생각하기 때문에 사람들은 미래가치가 없는 소비재만을 산다.

가격에는 미래가치가 포함되어 있는 것이 있다. 그것이 투자재이다. 미래가치가 없다면 비쌀 수가 없다. 싸야 정상이다. 그러나 미래가치가 없는 것은 비록 싸지만 소비재라서 시간이 지나면 소멸되고 만다. 소비재라는 것을 본인만 모른다.

소비재를 확인할 수 있는 방법이 있다. 남들에게 내 것을 살 것이냐고 물어봐서 사지 않는다고 하면 소비재이다.

투자를 해야 하는 주식과 부동산에는 모두 미래가치가 담겨 있다. 미래가치가 없다면 소비재이다. 소비재를 사면 그 효용을 다 하는 순간 버려진다. **그러나 미래가치가 있는 것은 투자재이다. 투자재는 미래가치가 나타날 때까지 가격이 오른다. 그래서 소비재는 가격이 오르지 않고 투자재는 가격이 오른다.**

시나리오에 들어가기에 앞서 우리는 어떤 부동산을 택해야 하는가에 대한 중요한 갈림길에 서 있다. 앞에서 본 바와 같이 잘못된 선택은 노후에 월세가 나오는 아파트가 아니라 오히려 세입자가 나가고 노후화 되며 원금을 상환해야 하는 경우가 생기는 것이다. **그러니 이러한 위험을 줄이고 최대한 안전한 곳의 부동산을 고르는 것을 최우선으로 삼아야 한다.**

그래서 최악의 시나리오를 알아보고 그곳에서도 그나마 오른 곳을 알아보고 최악의 경우에서도 더 많이 오른 곳을 알아봐서 가장 좋은 곳을 골라야 할 것이다. 그렇지 않으면 소비재를 살 수밖에 없다. 그러니 우리의 안전한 노후와 주택가격 상승이라는 두 가지 이점을 달성하기 위해 투자재를 사야 한다.

7장.
최악의 시나리오1 _인구 노령화의 변수

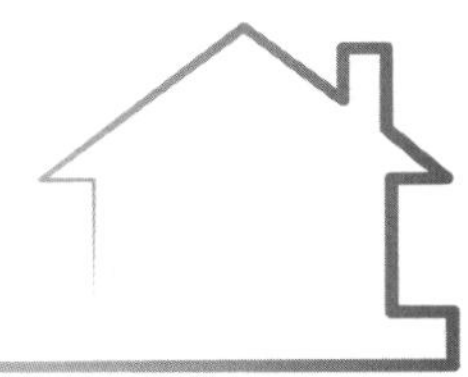

대한민국 부동산, 현재는 초호황기

〈움직이는 인구피라미드(기준연도 2001년)〉

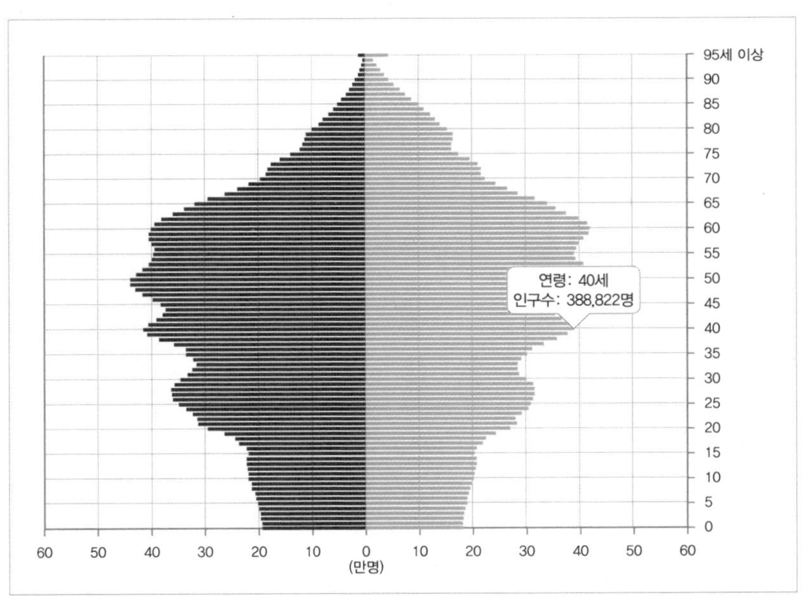

앞의 그림은 2001년도 기준 움직이는 인구 피라미드이다. 우리나라의 인구구성을 한눈에 볼 수 있다. 그림에서 보다시피 우리나라의 인구 구성은 중간은 뚱뚱하고 아래는 홀쭉한 항아리형이다.

2001년에 40세가 되는 사람은 몇 년생인가? 1961년생이다. 1961년생은 베이비붐 세대 중에서도 가장 동기가 많은 나이로 꼽힌다. 그런데 이들이 40세가 되었다. 그 전에 1997년도에 무슨 일이 있었는가? 바로 IMF 위기가 있었다. IMF 위기 당시 부동산이 큰 폭으로 떨어졌다.

그런데 2001년이 되었다. 2001년은 베이비붐 세대 중에서도 가장 많이 태어난 1961년생이 40세가 되는 시점이다. 무엇을 뜻하는가? 세계 어느 나라나 그 의미는 비슷한데, 나이 40은 바로 집을 구입할 나이가 되었다는 뜻이다. 그러니 우리나라는 경제위기가 해소됨과 동시에 집값 상승기를 맞게 된다.

계속해서 오르던 집값은 2008년 금융위기가 닥치자 비로소 떨어지기 시작했고 이후 다시 집값이 오르고 있다. 이것은 무슨 의미인가? 우리나라의 집값은 어떤 의미에서는 떨어진 적이 없다는 말과도 같다. 왜냐하면 집값은 엄밀히 얘기해서 국내의 문제가 아니라, 외부적인 요인(글로벌)에 의해서만 떨어졌기 때문이다.

즉 1997년 IMF, 2008년 금융위기 등 해외의 위기요인이 국내 집값에 영향을 미친 것이지 내부요인으로 집값이 폭락하는 사태는 없었다. 이 얘기는 무엇인가? 바로 국내요인을 분석할 필요가 없다는 말과도 같다.

우리나라는 한 번도 내부의 요인으로 떨어진 적이 없었다. 따라서 해외의 요인, 국제정세를 잘 모르면 국내의 부동산 가격을 짐작조차 할 수 없는데 거의 대부분은 올해 주택보급률 등만 따진다. 나도 부동산 투자를 오래 했지만 국내요인만을 따지다 보니 집값이 떨어진 IMF와 금융위기는 도저히 설명할 수가 없다. 그래서 해외요인을 찾다 보니 국제정세를 더 많이 공부하게 되었다.

그렇다면 현재는 왜 이리 부동산이 폭등을 하는 것인가?

〈움직이는 인구피라미드(기준연도 2019년)〉

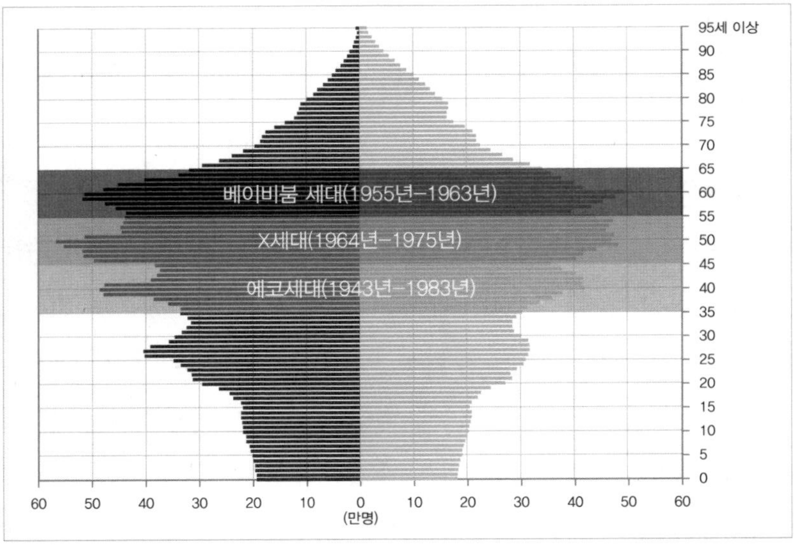

베이비붐 세대(1955년-1963년)
X세대(1964년-1975년)
에코세대(1943년-1983년)
95세 이상
(만명)

http://sgis.nso.go.kr/pyramid/view_country.asp

이 그림을 눈여겨보라. 가장 많이 태어난 베이비붐 세대, X세대, 에코

세대 3개의 세대가 모여 거의 항아리 형에서 가장 중간을 차지하고 있다. 현재의 부동산 폭등은 여기에서 기인한다. 현재는 한국의 부동산이 초호황기라는 말과도 같다.

왜냐하면 베이비붐 세대는 이제 60을 넘어 아직은 집을 팔 나이가 아니다. 그리고 X세대에서 가장 중심인 71년생은 40대 후반으로 한창 애들을 키울 나이다. 그러니 집을 팔 이유가 없다. 그리고 에코세대는 30대로서 결혼을 해서 전, 월세를 살아야 한다. 결국 현재 대한민국은 집을 살 사람이 압도적으로 많은 시대를 지나고 있다. 그래서 서쪽 끝부터 남쪽 끝까지 분양을 해도 아파트가 완판이 된다.

그러나 앞으로는 어떻게 될까?

10년만 지나도 베이비붐 세대는 70대로 들어서고 X세대도 60대로 들어선다. 결국 가장 많이 태어난 세대가 급격히 노령화를 겪는다는 얘기다. 그러니 지금까지와는 달리 차별화가 진행될 것이다.

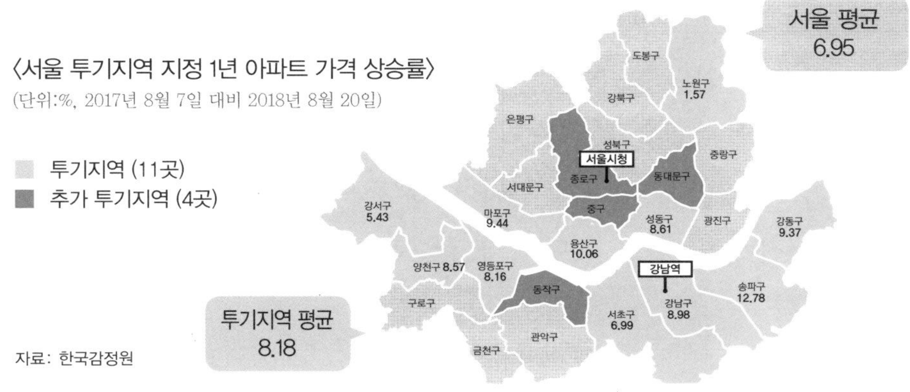

〈서울 투기지역 지정 1년 아파트 가격 상승률〉
(단위:%, 2017년 8월 7일 대비 2018년 8월 20일)

자료: 한국감정원

그림을 보면, 두 개의 핀포인트가 있다. 하나는 시청, 하나는 강남역 그리고 2호선 한강변 근처의 2호선 역세권 라인이다. 이 2호선 역세권 라인 안에 들어오는 지역은 상대적으로 안전하다고 볼 수 있다.

왜 서울의 시청역과 강남역을 중심으로 했을까?

〈100대 기업 본사 서울 분포〉 (총 64개)

답은 서울의 100대 대기업 분포도에서 찾을 수 있다. 이 그림을 보면 대기업의 대부분은 서울에 있으며 서울에서도 대부분 2호선 역세권을 중심으로 위치해 있다. 그리고 대기업 위치가 가장 많은 곳이 중구와 강남구다. 대기업 본사가 많은 곳이 집값이 가장 덜 떨어지고 오히려 오를 수도 있다고 볼 수 있다.

왜 본사가 있는 곳이 안전할까? 뜬금없지 않은가? 그것은 전세계가 세계화가 되었기 때문이다. 그리고 내가 2016년에 집필한 『대한민국 부동산의 미래』에서 안전한 지역으로 20km 반경을 그렸었다. 왜 20Km반경이었을까? 이유는 일본의 신도시가 몰락했는데 그 곳이 다마신도시이다. 다마신도시는 도쿄 도심에서 30km 떨어진 곳이다.

〈도쿄 인근 신도시 분포도〉

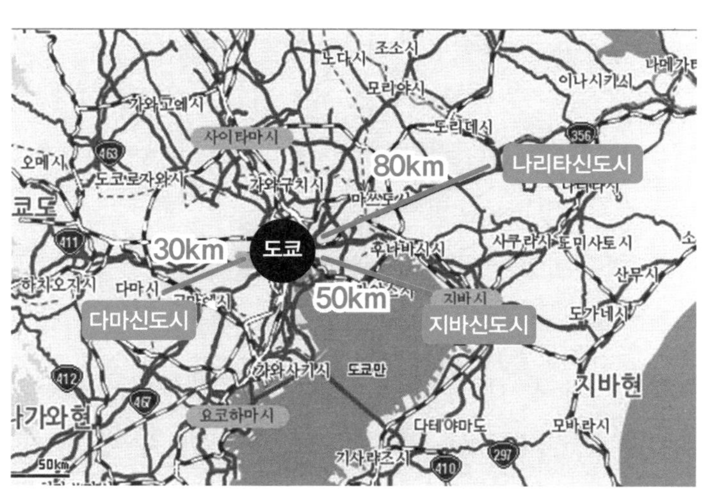

미래에도 안전하려면 다마신도시보다 더 가까운 곳이어야 하는데, 2016년만 해도 20km까지는 안전하다고 판단했으나, 지금 이 책을 집필하는 시점에는 20Km가 아닌 서울의 역세권으로 더 줄여서 그곳이 안전하다는 결론을 내리고 있다. 지금은 최악의 시나리오로 볼 때 시청이나 강남역의 20km 반경보다 2호선 역세권 라인 정도의

부동산을 매수했을 때만 안전하다고 볼 수 있다. 거기에는 이유가 있다.

그 이유는 뉴스테이를 비롯한 최악의 시나리오가 여러 가지 더 추가되었고 그 자세한 이유는 아래에 이어지는 글로 확인할 수 있다.

다시 돌아와서 왜 대기업 본사가 있는 서울이 중요한지 그리고 다마신도시는 어떻게 몰락했는지 알아보자.

대기업 본사가 있는 서울이 왜 부동산에서 중요한가?

세계화란 무엇인가? 1995년 WTO가 출범했다. 왜 WTO가 시작되었을까? 그 전에 GATT라는 것이 있었는데 말이다. 그렇다면 GATT는 무엇이며 왜 시작되었는지를 알아야 한다.

2차 세계대전이 끝나고 미국은 브레튼우즈에서 전세계 승전국과 패전국을 모아 놓고 발표를 한다. 패전국 일본과 독일도 있었는데, 그들은 잔뜩 긴장한 상태였다. 독일은 이미 패전이 한 번 있었고 프랑스로부터 막대한 전쟁 배상금을 부과 받았기 때문에 또 다시 이런 전쟁 배상금을 부과 받는다면 다시는 일어설 수 없다고 생각했다.

그런데 미국으로부터 뜻밖의 소리를 듣는다.

"너희들에게 미국에 마음껏 수출할 수 있는 권리를 주겠다. 그리고 마음껏 수출해라."

이게 무슨 소리인가? 배상금이 아닌 오히려 수출을 하라니 말이다. 하지만 사실 미국은 가히 천재적인 설계를 하고 있는 것이었다. 왜 2차 세계대전이 일어났는가? 바로 대공황으로 인한 경제적인 어려움 때문이었다. 1929년 대공황으로 전세계가 어려워졌고 식민지가 있었던 영국, 프랑스는 그나마 살만 했는데 식민지가 없었던 일본과 독일은 죽을 맛이었다. 그래서 독일은 유럽을 전부 장악하고 그들의 식민지를 빼앗으려고 했다. 일본도 조선만이 식민지였으니 어렵기는 마찬가지였다. 그래서 1931년 만주사변을 일으키며 만주로 밀고들어갔고 결국 1937년 중일전쟁 그리고 1941년 태평양 전쟁을 일으킨다.

이 모든 것은 대공황으로 인한 경제적인 어려움에서 비롯되었다. 대공황은 왜 일어났는가? 바로 수요가 부족해서 일어났다. 즉 산업혁명으로 인해 생산은 급격히 증가했는데, 소비를 할 사람이 갑자기 없어졌다. 물건은 남아돌고 공장은 인원을 줄이고 인원을 줄이니 소비할 사람이 줄고 다시 공장은 인원을 줄이는 악순환이 펼쳐지며 대공황이 시작되었다.

그러니 문제는 수요다. 미국이 자신들이 너희들의 공업제품을 받아주겠다. 그러니 미국으로 수출하라고 한 이유가 여기에 있다. 바로 미국의 팍스 아메리카나의 시작이다. 미국은 일본, 독일 등이 미국에 물건을 팔면 달러를 주겠다고 약속했다. 원래 영국의 케인즈는 세계공용화폐를 주장했으나 미국의 화이트가 왜 그 좋은 달러를 놔두고 그런 물건을 쓰느냐고 반문했다. 그래서 달러가 기축통화가 된 것이다.

그리고 그 당시까지만 하더라도 금본위제 시기였는데 금은 누가 제일 많이 갖고 있는가? 바로 미국이다. 미국은 전쟁의 피해가 전혀 없었고, 영국이나 프랑스 등에 함선이나 무기를 팔면서 가장 많은 금을 보유하게 되었다. 따라서 미국의 달러만이 기축통화가 될 수 있었다.

왜 금본위제가 시작되었는지도 살펴보자. 달러 이전에는 영국의 파운드화가 기축통화였다. 영국은 식민지와 무역을 할 때 파운드를 지급했다. 그런데 파운드화라는 것이 실상 종이쪼가리 아닌가? 그래서 믿을 수가 없는 돈이다. 한국도 조선시대 때 철전을 발행했지만 사람들이 결국 믿지 않아서 잘 유통되지 않았다.

그래서 영국은 파운드화의 신용도를 높이기로 한다. 영국의 영란은행(영국 중앙은행)은 파운드화를 발행하고 발행한 만큼 금을 쌓아두기로 한다. 만약 사람들이 파운드화를 영란은행으로 가져오면 얼마든지 금을 바꿔주겠다고 했다. 결국 사람들은 이 말을 믿었고 파운드화는 기축통화가 된다.

이런 연유로 미국의 달러는 새로운 세계의 기축통화가 되었다.

1945년 이후 GAT(관세무역일반협정(關稅貿易一般協定, GATT, General Agreement on Tariffs and Trade)가 본격적으로 시작되었다. GATT는 세계무역기구 이전의 체제이다. 제2차 세계대전 후반인 1944년 뉴햄프셔주의 브레튼우즈에서 있었던, 브레튼우즈 회의의 결과 창설되었다.

GATT는 국제 협정으로, 조약과 매우 유사하다. 미국법 하에서는 집행력이 있는 협정으로 분류된다. GATT는 "무조건 최혜국대우 공여원칙"에 의거하고 있다. 이는 다자간 교역규범의 가장 중요한 원칙인 비차별성을 강조한 것으로, 가장 혜택을 입는 국가에 적용되는 조건이(즉 가장 낮은 수준의 제한) 모든 다른 국가에도 적용되어야 한다는 것을 의미한다.

GATT는 현재의 WTO보다 낮은 수준의 상품교역만을 대상으로 한다. 왜 GATT는 지적재산권 등 저작권 개념의 높은 상위개념을 집어넣지 않았을까? 그것은 세계가 공산화가 되는 것을 막으려는 미국의 의도 때문이다.

1945년 2차 세계대전이 끝나고 세계는 공산진영과 자본진영으로 나뉘게 된다. 그런데 돈 많은 미국이 지적재산권과 같은 개념을 집어넣어 무역 흑자로 가려고 한다면 어떤 일이 벌어질까? 자본진영에서 공산진영으로 넘어가는 국가들이 생겨날 것이다. 미국의 우방은 자연히 줄어든다.

그러니 미국은 수입을 하는 데 있어서 장벽이 될 수 있는 기술탈취, 국가개입으로 유치산업 보호, 환율조작 등을 눈감아주고, 세율도 미국이 해외로 수출할 때는 높은 관세를 내며 수입을 할 때는 낮은 관세를 허락한다. 이러한 미국의 관행은 지금도 남아 있다. 트럼프가 관세에 대한 불만을 토로하는 이유가 바로 여기에 있다.

美, EU에 자동차 관세 부과 보류 시사…무역 전쟁 휴전

이날 회담에서 최대 핵심 쟁점은 지난달 트럼프 대통령이 EU산 자동차에 20%의 관세를 부과하겠다고 발표한 부분이었다. 현재 EU는 미국산 자동차에 10%의 관세를 부과하고 있는데 미국은 EU산 자동차에 이보다 훨씬 낮은

2.5%의 관세를 물리고 있다. 이 때문에 트럼프 대통령은 이를 "매우 불공정하다"고 비판해왔다.

_2018년 7월 26일자 조선일보

위의 기사와 같은 일이 일어난 것은 GATT가 시작되면서부터였다. 전쟁으로 폐허가 된 독일의 자동차를 미국이 더 많이 수입하면서 벌어진 일들이다. 게다가 미국은 아주 못사는 한국과 같은 나라들에게는 무상원조를 시작한다. 그래서 물밀듯이 미국에서 몰려온 밀가루는 우리나라의 밀이 없어지는 계기가 되고 나라에서는 분식을 더 많이 하라는 캠페인을 했다. 국민간식이 된 라면은 이때 히트상품이 된다.

미국이 이와 같은 선행을 베푼 이유는 그들이 천사표라서가 아니라, 이데올로기에 의한 체제경쟁 때문이다. 즉 자본주의 진영에서 공산주의 진영으로의 이탈을 최소화하기 위해서였다.

한국은 이런 수혜를 가장 많이 받은 나라다. 1945년도에 후진국이었다가 선진국이 된 나라는 세계에 딱 네 개 나라뿐이다. 홍콩, 싱가폴, 대만, 한국이다. 그 중 홍콩, 싱가폴은 도시국가이니 제외하고 인구 5천만 이하인 대만도 제외하면 결국 한국은 유일하게 1945년 국민소득 200불 수준의 최빈국에서 3만 불에 근접한 선진국이 되었다.

한국은 처음에는 경공업 중심이었으나 박정희 대통령시절 산업구조를 개편한다. 중공업으로의 개편이다. 왜 바꿨을까? 바로 베트남의 공산화와 관련이 깊다. 베트남이 공산화가 된 이유는 베트콩이 잘 싸웠기 때문이 아니다. 그것도 이유라면 이유일 수도 있지만, 가장 큰 이유는 농업국가였기 때문이다.

박정희 대통령은 베트남이 공산화 된 이유가 농업국가였기 때문이라는 얘기를 미국 정치인으로부터 듣고 중화학공업으로 자주국방을 하겠다고 마음을 먹는다. 그리고 이를 실천하여 국가의 산업을 바꾼다.

'베트남이 왜 농업국가였기 때문에 공산화 되었을까? 미국은 왜 주한미군을 자꾸 철수한다 하는가?'

지구상 4 곳에 미군이 주둔하고 있다. 유럽의 독일과 터키, 아시아의 일본과 한국이다. 미국이 중요시 하는 나라는 독일과 일본이다.

일본 장기가 있다. 이 일본 장기는 특이한 것이 우리는 장기에서 말을 따먹히면 따먹히고 마는데 일본은 말을 따먹히면 상대편에서 싸운다. 즉 우방으로 두는 것이 유리한 나라는 바로 독일과 일본인 것이다.

이들은 강력한 제조업 국가이다. 만약 이들을 적으로 둔다면 어떻게 되는가? 이들이 가지고 있는 강력한 제조업 기반기술로 미국에 위협이 되지 않는가? 그래서 미국은 주독 미군, 주일 미군은 절대 철수한다는 얘기를 하지 않는다.

그런데 동아시아의 일본을 방어하는 한국과 서유럽의 중요한 거점인 터키를 러시아가 점령하면 유럽 전체가 위험해진다. 그러므로 한국과 터키는 아시아와 유럽의 방어선이다. 그러니 미국의 정치권에서 한국이 별로 중요치 않다면 주한미군의 철수 얘기가 수시로 나오는 것이다.

한국도 이런 일환으로 중화학공업을 시작했다. 중화학공업으로 무기

생산체계 그리고 강력한 제조업 국가가 된다면 미국은 절대 한국을 포기할 수 없다. 주한미군도 철수할 수 없다. 일본의 장기처럼 한국의 중화학공업을 기반으로 한 제조업은 미국이 일본만큼이나 한국을 중요하게 생각하게 된 계기가 된다.

그래서 현재 터키가 미국과 싸움을 건다 하더라도 미국은 터키를 마음 놓고 박살을 낼 수 있지만 한국이 그렇게 한다면 미국에 심각한 위협이 된다. 그래서 미국은 한국을 포기할 수 없다.

1991년 12월 26일 소련이 붕괴되었다. 이 때부터 미국의 입장은 변화를 겪게 된다. 소련 붕괴 전까지의 미국은 체제경재에 몰두했다. 자본주의와 공산주의 간의 혈투가 끊임없었다. 그러나 이 때부터는 자본주의만이 살아남았다.

즉 1945년 2차 세계대전이 끝나면서 나찌즘, 파시즘을 비롯한 민족주의는 쇠퇴했고, 1991년 소련이 붕괴되면서 공산주의도 무너지고 말았다. 그리고 자본주의만이 살아남았다. 자본주의의 최강국은 미국이 되었고 미국은 이 때부터 새로운 무역질서를 짜게 된다. 바로 WTO체제이다.

세계무역기구(世界貿易機構, World Trade Organization, WTO) (Organisation mondiale du commerce, OMC) (Organización mundial del comercio, OMC)는 회원국들 간의 무역 관계를 정의하는 많은 수의 협정을 관리 감독하기 위한 기구이다. 세계무역기구는 1947년 시작된 관세 및 무역에 관한 일반협정(General Agreement on Tariffs and Trade, GATT) 체제를 대체하기 위해 등장했으며, 세계 무역 장벽을

감소시키거나 없애기 위한 목적을 가지고 있다. 이는 국가 간의 무역을 보다 부드럽고, 자유롭게 보장해 준다.

WTO의 목적은 새로운 경제질서의 창출이다. 일극체제로 살아남은 자본주의는 이제 더 이상 공산주의를 두려워할 필요가 없다. 국가들이 자본주의 진영에서 공산주의 진영으로 넘어갈 수 있다는 걱정도 더 이상 할 필요가 없어졌다. 체제경쟁에서 살아남은 것은 자본주의이니까 말이다. 상품만 교역하던 GATT도 더 이상 필요 없게 되었다. **WTO는 지식재산권, 농산물과 같은 미국이 강한 분야가 포함되어 있다. 이제는 일방적으로 퍼주는 무역은 더 이상 하지 않겠다는 미국의 의도가 담겨있다.**

WTO가 시작되었고 그로 인해 나온 것이 유럽의 경제통합인 EU다. EU는1993년 11월 1일 마스트리흐트 조약에 의해 설립되었으며 전신은 유럽경제공동체(EEC)이다. 총 인구는 약 5억 명이 넘으며 전세계 국내 총생산의 23% 정도를 차지한다.

즉 EU는 미국의 이러한 의도를 간파하고 개별적인 국가단위로는 미국으로의 무역적자가 심각해질 수 있다고 판단해 1993년 11월 1일 경제단위의 통합을 이루어 미국 다음으로 거대한 단일시장을 만든다.

다시 WTO로 돌아가, 시간이 지나 WTO는 미국의 의도대로 갔을까? 그렇지 않다. 나라보다 더 똑똑한 것이 바로 글로벌 기업이다. 기업은 이제 한 국가에 머물러 있지 않고 해외로 영토를 넓힌다. 내가 지금까지 한국의 대기업이라 말했던 기업이 바로 글로벌 기업이다. 이들 글로벌 기업은 어떤 식으로 WTO를 이용했을까?

세계의 대표적인 경제블록은 NAFTA(미국, 캐나다, 멕시코)와 EU가 있다. 기업은 이러한 경제블록의 허점을 이용했다. 이들의 허점은 원산지 규정이었다.

NATFA를 보자. 미국과 멕시코 중 인건비가 싼 나라는 당연히 멕시코이고, 미국보다는 멕시코에서 자동차를 만드는 것이 유리하다. 그래서 멕시코에서 자동차를 만들면 되는가? 안 된다. 왜냐하면 멕시코는 자동차를 소비할 소비시장이 미국보다 작기 때문이다.

세계 최강의 소비대국은 미국이다. 그래서 당연히 미국에서 자동차를 만들어야 한다. 그런데 원산지규정이라는 것이 있다. NAFTA 협정 관세율 적용을 위한 자동차 원산지 규정과 관련하여, 완성차 제조에 사용된 부품가운데 NAFTA 역내 부품 사용비율을 기존의 62.5%라면 이것을 충족했다고 본다.

즉 멕시코에서 자동차의 부품을 만들되 미국에서 62.5%를 만들고 나머지를 멕시코에서 만들면 원산지 규정을 충족했다고 보고 그냥 이것을 미국산으로 인정해 준다는 것이다. 미국산으로 인정해주면 어떤 일이 벌어지는가? 무관세로 미국에 수출이 가능하다.

글로벌 기업들은 가격경쟁력을 높이기 위해 너나 할 것 없이 가장 큰 시장인 미국과 유럽을 이런 방식으로 노린다. 인건비가 비싼 미국의 디트로이트 시에서는 자동차 공장이 빠져나가고 멕시코의 국경지대로 공장이 대거 이동한다. 그래서 원산지 규정을 충족한 자동차를 비롯한 공산품이 대거 미국으로 몰려간다.

유럽도 마찬가지다. 유럽의 대표적인 소비대국은 독일, 영국, 프랑스, 북유럽 등이다. 그러니 원산지 규정을 충족하려는 글로벌 기업들은 인건비가 싼 동유럽의 헝가리, 체코, 폴란드로 대거 공장을 이동한다. 일자리 문제는 이렇게 WTO의 출범과 함께 시작되었다.

이와 같은 싸움에서 누가 승자이고 누가 패자인가? 선진국의 거대 자본과 후진국의 저임금 노동자는 승자(勝者)이다. 그러나 선진국의 고임금 노동자는 패자(敗者)가 된다.

세계화의 소용돌이는 1995년 WTO 출범과 동시에 시작되었다고 보는 것이 옳다. 현대차는 더 이상 한국에 공장을 짓지 않는다. 포드는 1995년 인도의 첸나이 공장을 완공했고 뒤이어 현대차는 해외에 첫 공장인 인도 첸나이 공장을 완공한다. 그것이 1997년이다. 그 이후 체코, 중국을 비롯한 해외에만 공장을 짓고 있다. 첸나이의 기업 소개 자료를 보자.

인도의 새로운 자동차산업 리더, 첸나이

1995년, 포드가 첸나이에 진출해 업계 최초로 자동차 공장을 설립함.

최근 포드는 인도 국내 및 수출 수요를 감당할 25만 대 분량의 공장을 새로 건설했음.

포드는 앞으로 첸나이를 중요 거점으로 삼고, 인도시장 공략과 아시아 지역의 수출을 더욱 확장할 예정임.

현대자동차는 1997년 인도에 진출, 1998년 첸나이 공장을 완공 후 가동을 시작함.

2008년에는 같은 지역에 제2공장을 완공해, 연간 60만 대의 자동차를 생산하며, 마루티 스즈키에 이어 두 번째로 지난해 8월 판매·생산량이 300만 대를 돌파하는 등 첸나이를 주요 거점으로 성장함.

이러한 흐름 속에서 2001년 중국이 WTO회원국으로 가입한다. 저렴한 인건비를 앞세운 중국은 이후 세계의 공장이 되었다. 중국은 글로벌 기업의 생산지와 소비지의 여건을 갖춘 완벽한 곳이다.

글로벌 기업은 어떤 조건일 때 해외에 투자를 할까? 두 가지 조건을 들 수 있다. 저렴한 인건비와 커다란 시장이다. 저렴한 인건비로 생산지로써의 요건을 갖추었느냐와 인구가 많고 소득이 높아서 내수시장 자체가 큰지를 따진다. 이 두 가지 요인을 모두 갖춘 곳이 바로 중국이다.

이로써 세계화는 더 가속화 되었다. 글로벌 기업들이 후진국에 생산공장을 지으면서 노동시장은 후진국으로 넘어갔다.

이에 반해 선진국 시장은 어떻게 되었을까? 바로 얼마나 많은 글로벌 본사를 갖고 있느냐가 그 나라의 경쟁력이 되었다. **미국에 일자리가 넘쳐나고 거의 완전고용상태로 갈 수 있었던 원동력은 기본적으로 글로벌 본사의 고급 일자리가 많기 때문이다.** 또한 리쇼어링을 통해 공장을 유치하여 저렴한 일자리까지 만들고 있기 때문이다.

여기서 한 단계 더 파고들어보자. 미국은 글로벌 본사를 통한 고급 일자리를 어떻게 만들었는가?

글로벌 기업(대기업)이 가장 많은 곳이 바로 미국이다. 이름만 들어도 알 수 있는 기업들이 즐비하다. 아마존, 넷플릭스, 페이스북, 애플, 마이크로소프트, 구글 등 글로벌 IT 기업뿐 아니라 코카콜라, 보잉, 마스터카드, 나이키 등 전통적인 산업에서도 글로벌 기업은 미국이 압도적이다.

이들의 본사는 어디인가? 말할 것도 없이 시애틀, 실리콘 밸리, 뉴욕과 같은 대도시에 위치하고 있다. 이들은 왜 땅값도 비싸고 월세 가격도 비싼 대도시에 본사를 지을까? 이들이 대도시에 본사를 짓는 이유는 미팅사이트의 원리와 같다.

미팅을 한다고 가정해 보자. A사이트와 B사이트가 있다. A사이트에는 남녀 회원이 각 100명 씩이고, B사이트에는 남년 회원이 각 10만 명씩 있다. 당신이 미팅을 하고 싶은 사람이라면 어느 사이트에 가입을 하겠는가? 당연히 B사이트이다. B사이트에 인원이 많으니 이상형을 만날 확률도 훨씬 높다고 가정하기 때문이다. 그렇기 때문에 B사이트에 회원이 더 많이 느는 것이다.

대도시란 어떤 곳인가? 서울처럼 1000만 명 이상의 사람이 살고 있는 메갈로폴리스이다. 이런 곳에서는 대학도 많아 유능한 인재가 많고 젊은이들이 꿈꾸는 세상도 바로 이런 대도시이다. 드라마에 나오는 노천

카페, 홍대클럽, 고층빌딩, 세련된 옷차림의 수많은 남녀들이 살아간다. 이런 곳이 이들이 꿈꾸고 살고 싶어 하는 곳이며 이곳의 고층빌딩에서 글로벌 대기업에 다니는 것이 이들의 꿈이다.

그러니 이런 똑똑하고 스마트한 젊은이들을 만나려면 당연히 글로벌 기업은 본사를 이런 곳에 두어야 한다. 시골에서 대학을 마쳐도 취직을 위해 서울로 올라오듯이 미국이나 유럽도 공통적인 현상이다. 결국 세계화에서 고급일자리는 다 어디에 있는가? 바로 대도시에 몰려 있다. 그리고 글로벌 기업은 왜 스마트한 젊은이를 필요로 하는가? 이들이야말로 머리를 쓰는 창조적인 일을 할 수 있기 때문이다.

삼성전자는 메모리 반도체를 만든다. 무려 나노 단위의 아주 작은 미세공정이 필요하다. 아무나 데려다 놓고 반도체를 만들라 하면 잘 만들 수 있을까? 불가능한 일이다. 스마트하며 영리한 젊은이이면서 높은 학력을 지니고 있고 열정도 있어야 한다.

그리고 자본주의에 깊이 매료되어 있어야 한다. 즉 월요일부터 일요일까지 철야를 하면서 연구개발을 할 수 있는 열정을 불태우려면 돈에 맛을 들여야 한다는 것이다. 그래서 자본주의는 끊임없이 많이 벌어서 많이 쓰는 삶을 가장 좋은 삶으로 가르친다. 그래야 자발적으로 미친 듯이 일하고 미친 듯이 쓰는 일상이 일상화 되기 때문이다.

강남의 아파트에 들어가고 싶은가?

좋은 차를 가지고 싶은가?

예쁜 애인을 만나고 싶은가?

카리브해로 해외여행을 가고 싶은가?

미친 듯이 일하고 미친 듯이 써라. 그래야 당신은 자본주의에서 성공한 사람이 된다.

글로벌 기업은 이러한 환상과 꿈을 주며 대도시에 일자리를 만든다. 결국 양질의 일자리는 대도시에 있으며 그 일자리는 글로벌 기업이 얼마나 많은가에 달려 있다. 그러니 미국은 이러한 글로벌 대기업이 수많은 일자리를 만들어 내고 있었다. 게다가 트럼프가 대통령이 되면서 저렴한 노동자의 일자리도 같이 만들어 내고 있다. 바로 리쇼어링이다.

리쇼어링(Reshoring) 또는 온쇼어링, 인쇼어링, 백쇼어링
해외에 진출한 국내 제조기업을 다시 국내로 돌아오도록 하는 정책이다. 저렴한 인건비를 이유로 해외로 공장을 옮기는 오프쇼어링과는 반대되는 말이다.

그렇다. 해외에 있는 공장을 미국으로 불러들이는 정책이다. 이 정책을 위해서 법인세를 최고세율 35%에서 단일세율 21%로 낮추었다. 그리고 해외의 공장에서 미국으로 들어오는 상품에 관세를 10%~25% 매기면서 해외의 공장이 미국으로 들어오도록 유도하고 있다. **이것이 미중무역전쟁의 핵심정책이다.**

미국은 중국이 2001년 WTO에 가입하면서 자본주의 경제체제로 편입이 될 것이라고 착각했다. 그러나 최악의 인권국 중 하나인 중국은 자본주의 시장경제로 들어오기는 했지만 정치적으로는 여전히 최악의 인권

탄압국이다. 저렴한 인건비를 유지하고 정권을 유지하기 위해서이다.

중국은 저렴한 상품을 통해 마련한 달러로 오히려 미국을 위협하기에 이른다. 예를 들면 국방비의 증액이다. 중국의 경제성장률은 6.8% 정도인데 국방비로 재정의 15%를 쓰면서 국방력을 증강시키고 있다.

중국의 이런 움직임은 미국에게는 커다란 위협이다. 미국의 돈을 받아다가 미국의 목에 칼을 겨누는 것과 같다. 시진핑 국가주석은 일대일로를 통해 미국의 무역항로와 에너지패권에 도전장을 내밀었다. 상하이 선물거래소 등을 열면서 달러 패권에 대한 도전도 이어졌다. 미국이 중국의 이런 면을 못 봤을 리가 없으며, 더 이상 두고 볼 수 없는 상황에 이른 것이다.

그렇다면 노동자의 일자리는 세계화 시대에 어디에서 만들어지는가? EU, NAFTA로 인한 원산지규정에 충족할 만한 변방 국가에서 만들어지거나 아주 저렴한 일자리가 있는 후진국 즉 중국과 같은 곳에서 만들어진다. 게다가 미국과 같이 상품관세를 통해 리쇼어링을 추진하는 국가가 만들어낸다.

그러니 한국에 저렴한 인건비가 있을 리 만무하다. 다만 한국에는 대기업 노조와 같이 강력한 이익집단의 일자리는 보호된다. 그러나 대부분은 안정된 일자리를 만들어 낼 수 없다.

결국 한국에서 만들어내는 일자리는 대기업이 만들어내는 본사의 직원과 연구개발인력, 생산공장의 정규직 노동자 외에는 안정된 일자리는 존재하지 않는다. 그래서 한국은 일부의 대기업과 80% 이상의 중소기업 그리고 자영업자만이 있는 것이다.

그래서 본사가 중요하다. 생산공장은 해외로 죄다 가버리고 대기업 본사만이 양질의 일자리로 남는다. 그런데 대기업은 100개 중 64개가 서울에 있다. 그것도 시청과 강남역을 중심으로 말이다. 그러니 세계화 때문에 서울의 2호선 역세권 라인이 더욱 중요해진 것이다.

1기 신도시보다 강북

'직주근접' 선호에…강북 도심 새 아파트값 위례·판교도 넘었다

◆1기 신도시 정점은 2007년

판교, 동탄1·2, 파주, 위례, 광교 등 수도권 2기 신도시 역시 새 아파트 프리미엄에도 불구하고 서울 도심권 집값에 미치지 못하고 있다. 위례, 판교 등을 제외한 2기 신도시는 서울 중심에서 40㎞ 안팎 떨어져 있어 처음부터 서울 도심의 경쟁이 되지 못하고 있다.

판교와 위례신도시는 서울 강남권과 접하고 있어 인기 주거지역으로 부상했지만 서울 사대문 안 새 아파트값에는 미치지 못한다. 위례신도시에서 가장 비싼 아파트로 꼽히는 '위례자이' 전용 101㎡는 8억3000만~9억1500만 원 안팎에 시세가 형성돼 있지만 서울 종로구 '경희궁자이'의 같은 주택형은 11억5000만~12억5000만 원을 호가한다. 판교신도시에서 가장 인기가 있는 백현동 일대 전용 84㎡ 아파트값도 8억원대 중후반에 형성돼 있지만, 마포 용산 서대문 등에서 10억원을 웃도는 새 아파트가 지속적으로 생겨나고 있다.

◆도심 새 아파트 선호 현상 뚜렷

1기 신도시 쇠퇴는 노후 주택 증가와 맞물려 있다. 1기 신도시는 1980년대 말 1990년대 초에 입주했다. 지은 지 30년이 다 돼 간다. 살기 불편할 뿐만 아니라 기존 용적률이 높아 재건축하기도 어렵다. 고준석 신한은행 부동산투자자문센터장은 "신도시와 달리 서울 강북은 뉴타운 재개발을 통해 새 아파트촌으로 바뀌고 있다"고 말했다.

또 1~2인 가구 증가, 고령화, 맞벌이부부 증가 등 인구구조에 변화가 나타나면서 직장 병원 등이 가까운 도심에서 살고 싶어하는 이들이 늘어나고 있다. 신종칠 건국대 부동산학과 교수는 "마음속에 살고 싶어하는 집과 실제 사는 곳을 달리 정할 수밖에 없는 게 현실"이라고 말했다.

_2017년 4월 9일자 한국경제

앞의 기사는 1기 신도시보다 강북이 중요하다는 사실을 담고 있다. 예전에 이런 말이 있었다.

"천당 밑에 분당."

분당은 버블 세븐지역에 포함될 만큼 2000년대 초반 집값이 많이 올랐다. 그런데 강북보다 덜 오르는 지역이 되었다. 우리 예상과 달리 왜 이런 일이 일어났을까?

한국사람들이 좋아하는 주거형태는 단연 아파트이다. 그 중에서도 새로 지은 아파트를 선호한다. 1990년대 중반 1기 신도시 아파트가 건설되었다. 그래서 아파트는 없고 단독주택과 도시 정비가 안 된 빌라들만 우후죽순으로 지어졌던 강북과 비교가 되었다. 그래서 강남과 가까운 분당 아파트가 인기가 있었던 것이다.

그런데 세월이 많이 지났다. 벌써 20년을 지나 25년 가까이 되어가고 있다. 분당을 비롯한 1기 신도시 아파트는 이미 오래된 아파트가 되었다. 그런데 강북에 새 아파트 단지가 생긴 것이다. 그것도 뉴타운이라는 이름으로 대규모 아파트 단지가 생겼다. 그런데 잘 생각해 보면 1기 신도시가 좋아서 그곳이 인기 있었던 것이 아니라 조금 멀더라도 새 아파트 수요 때문에 사람들이 1기 신도시로 몰려갔던 것이다.

그런데 지금은 상황이 바뀌었다. 새 아파트는 강북에 오히려 많고 직장을 비롯한 모든 편의시설도 1기 신도시를 압도한다. 직장은 물론이고 홍대, 연대, 건대, 한양대, 서강대, 이대 등 대학교도 강북에 많고 먹자골목도 많다. 청계천, 세종문화회관을 비롯한 문화시설과 관공서 등은 신도시와 게임이 되지 않는다.

이젠 강북이 분당에 밀릴 이유가 없어졌고 훨씬 살기 좋은 곳이 되었다. 그래서 경희궁 자이를 비롯한 강북의 아파트가 10억 원대를 훌쩍 넘어가는 것이다. 학군을 제외하고는 강북의 아파트 단지가 강남보다 더 좋아진 것이 사실이다.

그런 와중에 1기 신도시의 재건축 여부는 중요하다. 왜냐하면 1기 신도시가 재건축이 안 되었을 경우 슬럼화 될 가능성이 크기 때문이다. 뿐만 아니라 1기 신도시가 가진 문제가 더 있는데, 바로 계속 된 신도시 건설이다.

입지 더 좋은 '3기' 조성 소식에… 2기 신도시 분양 '초비상'

정부가 집값을 잡기 위해 수도권에 신도시 4~5곳을 더 조성하겠다고 발표하자 김포 한강, 파주 운정, 양주 옥정, 인천 검단 등 수도권 2기 신도시 분양에 비상이 걸렸다. 실수요자들이 입지 여건이 더 뛰어난 3기 신도시에 청약하기 위해 2기 신도시 분양을 건너뛸 가능성이 있어서다.

_2018년 9월 28일자 한국경제

이 기사를 보면 2기 신도시가 초비상이라는 얘기인데 2기 신도시는 줄초상이 난 것은 맞다. 그러나 1기 신도시도 앞으로 어려워질 것이다. 왜냐하면 3기 신도시인 광명, 과천, 남양주 등은 1기 신도시보다 서울과 가깝고 대규모 신도시라서 인구유입량도 많기 때문이다.

따라서 1기 신도시의 노후화, 2기 신도시의 거리 등은 3기 신도시가 지어지면 입지와 신규 아파트의 공급으로 인해 약점으로 작용할 가능성이 크다. 그러나 결국에는 3기 신도시도 강북에 새로운 아파트가 더 많이 지어지면 악재로 작용할 것이다. 1,2,3기를 막론하고 신도시 전체가 안전하지 않다는 의미다.

달라진 박원순 '개발론 일성'…"여의도 통째로 재개발"

일률적인 35층 층고 규제에 대해서도 도시의 경쟁력 강화를 위해 예외조항을 두겠다는 의지 표현은 이전과는 사뭇 달라진 것이어서 눈길을 끈다.

여의도는 서울시의 최상위 도시계획인 '2030 서울플랜'에서 강남·광화문과 함께 3대 도심으로 지정된 곳이다. 상업지구는 최고 50층의 초고층 주상복합 개발이 가능하다.

이와 관련해 박 시장은 "서울시 건물은 어디를 가나 비슷비슷하다"며 "조례를 바꿔 친환경 건물, 아름다운 건물에는 일반 용적률, 높이 등 인센티브를 줄 수 있다"고 강조했다. 싱가포르의 경우 마리나베이샌즈의 호텔과 공연시설 등 특색 있는 건축물이 도시를 상징하는 주요 관광자원이 되고 있다는 점을 염두에 둔 발언으로 풀이된다.

_2018년 7월 10일자 매일경제

박원순 서울시장이 여의도를 통개발하겠다고 발표하면서 서울의 여의도와 용산에 아파트 가격이 급등한 적이 있다. 여기서 주목해야 할 것은 강북에 아직도 대규모로 개발할 여지가 있는 곳들이 많다는 것이다. 그래서 일본의 롯폰기 힐스처럼 역세권에 컴팩트 시티(한 건물에서 직장과 주거, 문화생활 등이 모두 가능한 초대형 건물)를 개발할 경우 서울에는 대규모로 주거가 가능한 공간이 새롭게 공급될 수 있다. 그렇게 되면 신도시에 살던 사람들이 역으로 서울로 이동할 가능성이 높다. 일본의 다마신도시가 몰락한 것도 이와 비슷한 이유 때문이었다.

오피스빌딩에 중산층 임대주택 결합… 도심 복합개발로 방향 튼 서울시

심교언 건국대 부동산학과 교수는 "일본 도쿄의 롯폰기 힐스처럼 주거 업무 상업 문화 기능이 어우러진 복합단지가 가능해진다는 의미"라며 "경제 환경 변화에 맞춰 도심 토지를 효율적으로 활용할 수 있는 길이 열렸다"고 설명했다.

정부와 서울시는 주거 외 용도비율을 일괄 20% 이상으로 하향하고 주거용 사용부분의 용적률을 600%까지 올리기로 했다.

준주거지역 용적률도 완화한다. 현재 서울 준주거지역 용적률은 400% 이하로 규정돼 있다. 앞으로 모든 준주거지역에서 용적률 500%를 허용한다. 늘어나는 용적률의 50%를 임대주택으로 내놓는 조건이다. 역세권(250m 이내)에서도 용도지역 변경을 통해 용적률을 상향한다.

_2018년 10월 1일자 한국경제

일본의 다마 신도시는 어떻게 지어졌고 몰락했는지 알아보고, 그래도 안전한 부동산은 어디인지에 대해 살펴보도록 하자.

8장.
최악의 시나리오2 _일본의 경우처럼, 신도시의 몰락은 정말 오는가?

피할 수 없는 초고령화 사회, 일본의 전철을 밟을 것인가

고령화 사회는 전쟁으로 인한 베이비붐 현상과 밀접한 관련이 있다. 우리나라는 6.25전쟁이 끝난 5년 후 인구가 폭발적으로 늘었다. 일본과 서구유럽은 2차 세계대전을 겪었다. 2차 세계대전은 1945년에 끝났고 그 이후 태어난 48년생부터 52년생까지의 세대가 일본의 베이비붐세대(이하 단카이 세대)이다. 2차 세계대전과 6.25의 시간적 차이, 즉 일본의 베이비붐 현상이 우리나라보다 약 5년 빠른 이유다. 그래서 우리나라보다 앞서 고령화가 진행되었던 것이다.

우리의 미래를 예측하기 위해서는 일본의 고령화가 부동산에 미친 영향을 잘 알아야 할 필요가 있다. 만약 고령화로 인해 일본 부동산이 폭락했다면 우리도 그 대비를 해야 한다.

고령화 사회는 총인구 중에서 노령 인구의 비율이 증가하는 사회를 말한다. UN이 정한 바에 따르면 65세 이상 노인인구 비율이 전체 인구의 7% 이상을 차지하는 사회이며 14%를 넘어가면 고령 사회, 21%를 넘어가면 초고령화 사회다.

이미 21%를 넘어선 일본은 초고령화 사회에 들어섰고, 우리나라는 2000년 7.2%를 넘어서며 고령화 사회에 들어섰다. 2020년에는 고령 사회, 2030년경에는 초고령화 사회로 진입할 예정이다.

고령화 사회에 들어섰다는 것은 당장 20년 후면 일본과 같은 인구구조를 갖게 된다는 말이다. 현재 일본은 단카이 세대가 은퇴를 하고 있다. 일본에서 인구 비율이 가장 높은 세대가 은퇴하여 노인인구로 접어드는 중이다.

통계청에 나타난 우리나라 인구 피라미드는 30세부터 60세까지의 인구비율이 가장 많은 중간이 불룩한 항아리 형이다. 아직도 부동산을 살 여력이 되는 30에서 60 사이의 사람들이 우리나라에 많다는 뜻이다. 그렇지만 우리도 곧 일본처럼 초고령화, 초초고령화 사회로 진입할 것이다. 앞으로 몇 십 년 안에 일어날 일이다.

〈대한민국 인구 피라미드〉

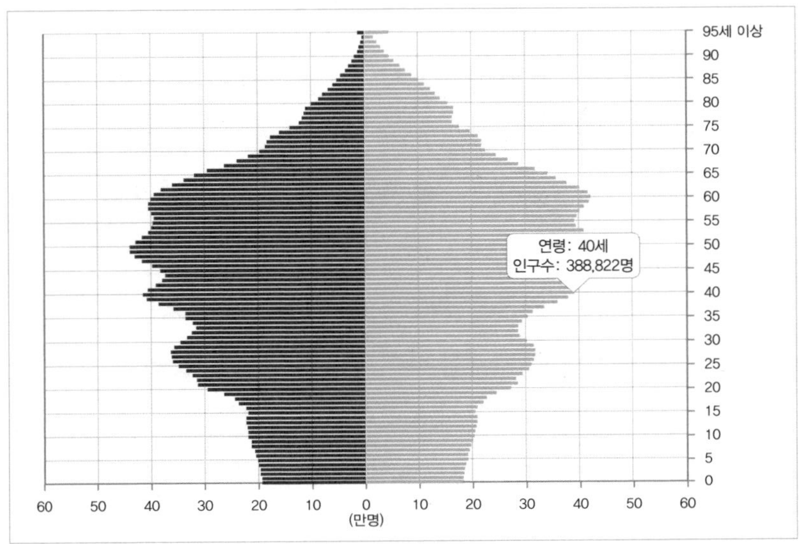

http://sgis.nso.go.kr/pyramid/view_country.asp

일본은 1991년부터 부동산가격이 떨어지기 시작해 주거용 부동산은 91년 대비 현재 60% 정도 떨어졌고 상업용부동산은 약 80% 떨어졌다. 급격히 오른 일본 부동산은 일본의 급진적인 이자율 인상을 통해 버블이 터졌고, 그로 인해 토지불패(한국의 부동산불패) 신화도 깨졌다.

1990년 도쿄에서 4억5천을 주고 집을 산 A씨는 처음에는 기분이 매우 좋았다. 아파트 가격이 올랐기 때문에 이자를 내고도 남았다. 그러나 1991년 말부터 내려가기 시작한 부동산 가격은 현재에 이르러 매매가 2억으로 떨어졌다. 지금까지 원금과 이자를 포함해 20년이 넘는 동안 2억이나 지출했는데 아직도 팔아봐야 5천만 원이나 손해를 보는 깡통 아파트라고 한다.

일본에서 신도시가 조성된 시기는 1960년대다. 우리나라에서 신도시가 시작된 것은 1990년대 중반의 일이니 우리가 30년 정도 늦은 셈이다. 우리나라 신도시의 벤치마킹 모델이 일본의 다마신도시다. 다마신도시는 도쿄 서쪽 편으로 30Km 떨어진 도시로 1965년부터 입주가 시작되었다.

다마신도시는 왜 만들어졌을까? 일본 정부는 늘어나는 주거 인구를 해결하기 위해 두 가지 방안을 두고 고민했다. 하나는 도쿄 도심을 재건축, 재개발하는 것이고 다른 하나는 도쿄 인근에 신도시를 짓는 것이었다. 그들이 내린 결론은 신도시였다. 도쿄 도심 재개발은 그렇잖아도 주택부족이 심각한데 이주수요 때문에 더 심각해지는 부작용을 불러일으킬 수 있었기 때문이다.

그들은 다마신도시, 지바신도시, 츠크바신도시 등 대도시 인근에 신도시를 세우기로 했다. 1990년대 중반 우리나라도 일본의 신도시를 모방해서 1기 신도시를 지었다.

초기 상황은 일면 성공한 듯 보였다. 신혼부부들은 주거 난도 심하고 오래된 목조 가옥들로 구성된 도쿄 도심보다는 친환경적으로 지어진 깔끔한 신도시 아파트 단지를 선호했다. 대규모의 신도시 이주와 부동산 프리미엄이 붙은 아파트가 날개 돋친 듯 팔려나갔다. 마치 우리나라와 판박이다.

그러나 중기가 되면서 상황은 바뀌었다. 가장 큰 문제는 신도시가 직장과 거리상으로 너무 멀었다는 점이다. 제일 가까운 다마신도시마저 30Km나 떨어져 있어서 매일 출퇴근하는 데 드는 시간과 노력이 지나치게 컸다. 그나마 다마신도시는 사정이 나은 편이었다. 지바신도시는 도쿄로부터 50km, 나리타신도시는 80km나 떨어져 있다. 그래서 부부가 직장 근처에 각자 방을 얻고 주말에만 신도시의 집에 와서 생활하는, 누가 봐도 부자연스러운 방식이 이어진다.

〈도쿄 인근 신도시 분포도〉

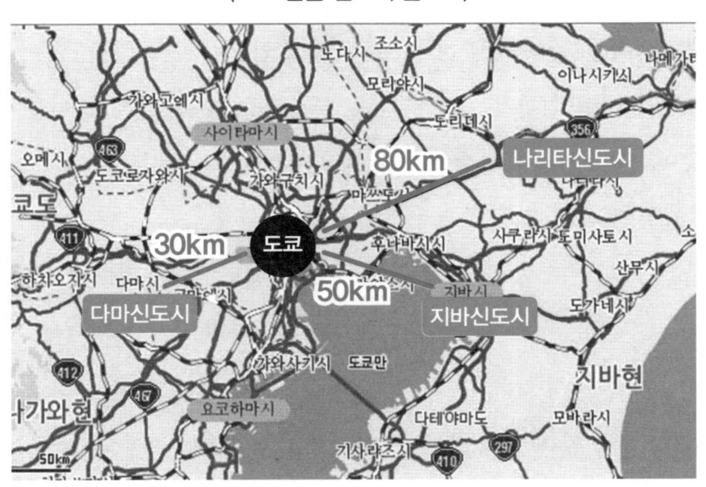

그러다가 일본 신도시의 몰락을 가져오는 큰 사건이 발생한다. 2002년경 당선된 고이즈미 총리로부터 촉발된 도쿄의 도심재생사업은 다마신도시를 비롯한 도쿄 인근 위성신도시들을 몰락시킨다.

고이즈미는 그때까지 존재했던 강력한 도쿄의 규제를 혁파한다. 얼떨

결에 총리가 되었던 탓(실제 2등이었으나 1등이 스캔들로 낙마하면서)도 있지만 지방에 지역기반이 없었기 때문에 강력한 노림수를 썼고, 이것이 통했던 것이다.

그 노림수는 도쿄의 규제혁파였다. 우리나라도 그렇지만 한 나라의 우두머리가 되려면 강력한 지역기반은 기본이다. 반면 그 지역기반이 독이 되기도 한다. 되기까지는 꼭 필요하지만 되고 나서는 각종 이권에서 자유로울 수 없다. 그러나 고이즈미는 지역기반으로 당선된 경우가 아니었기 때문에 지방의원들의 반대에도 불구하고 도쿄의 규제를 풀어버린다.

그가 펼친 논리는 다음과 같다.

"도쿄를 묶어놓고 기업에게 지방으로 내려가라 하는데 지방으로 가는 대신 제조업 특성상 외국으로만 간다. 그러나 도쿄를 지방과 수도의 대립구조로만 볼 것이 아니라 도쿄를 세계 최고의 도시와 경쟁하는 별개의 도시로 본다면 도쿄의 규제는 부당하다."

일본도 제조업의 해외 이전으로 인한 공동화는 어쩔 수 없다고 봤고 그들이 하려는 정책은 서비스업 확대에 있었다. 대표적인 서비스업은 금융업이다. 미국을 벤치마킹해보니 제조업이 공동화 된 다음 월스트리트로 대변되는 은행, 펀드 등이 세계를 제패하면서 일자리가 새로 생겨났다. 제조업 이후는 서비스업, 그 중에서도 금융업인데 도쿄는 뉴욕, 파리, 런던의 도시들보다 규제가 많아 그들과 싸우기가 힘들다는 것이 요점이었다.

그러면서 도심재생사업을 시작한다. 그들의 도심재생사업은 콤팩트 시티(Compact City)를 만드는 데 중점을 두었다. 자동차의 대중화로 도시가 팽창하면서 거주지가 교외로 이동하자 도시 외곽의 환경이 파괴되는 등 여러 문제가 발생했다. 이 문제를 해결하고 경제적 효율성을 추구하기 위하여 도시를 고밀도로 개발하는 것이 콤팩트시티다. 도심에 거대한 100층짜리 건물을 여러 개 짓고 그 건물마다 주거, 직장, 쇼핑, 엔터테인먼트 등을 한꺼번에 모아 걸어서도(혹은 엘리베이터를 타고) 어디든 갈 수 있는 고밀도 압축 도심재생사업이다.

이러면서 롯폰기 힐스(Roppongi Hills)를 비롯한 100층 넘는 거대빌딩들이 역세권을 중심으로 지어지고, 도심재생사업도 이어진다. 그러나 도쿄를 금융 허브로 만들겠다는 고이즈미의 꿈은 물 건너가고 만다.

그의 노력이 실패한 이유는 무엇이었을까? 본래 일본은 홍콩이나 싱가폴처럼 금융허브가 될 수 없는 나라다. 홍콩이나 싱가폴은 미국달러화와 자국통화가 페그제(Peg System)로 연결되어 있다.

페그제(Peg System)란?

특정 국가의 통화에 자국통화의 환율을 고정시키는 제도로, 한 나라의 통화가치를 특정 국가의 통화에 고정시켜 두고, 정해진 환율로 교환을 약속한 고정환율제도이다.

예를 들어 어떤 나라가 기축통화로 미국 달러를 채택했다면 그 나라의 통화와 미국 달러간의 환율은 변하지 않는다. 하지만 다른 나라의 통화에 대한 환율은 미국 달러와 다른 나라 통화의 환율변동에 따라 자동적으로 결정된다. 즉, 미국 달러화에 대한 엔화의 가치가 변하면 그만큼 자국통화와 엔화의 가치도 조정되는 것이다. 1983년에 페그제를 도입한 홍콩의 경우, 미국 1달러를 7.78홍콩달러로 고정시켜 두었다.
이 제도는 환율변동에 대한 불확실성을 감소시켜 대외교역과 외국인 투자를 통한 자본거래를 활발하게 만들지만 경제위기 시 외환투기를 발생시킬 가능성도 크다.

왜 페그제로 연결이 되어 있을까? 1997년 홍콩이 중국으로 반환되었다. 그런데 영국은 홍콩에 있는 은행을 살리고 싶어 했다. 그러나 중국이 들어오면 홍콩은 중화인민공화국이 되어 자유로운 은행시스템과 제조업 기반이 무너질 것으로 예상했다. 그래서 홍콩이 반환되기 전 홍콩달러를 미국달러와 연동시키는 페그제를 실시한다.

페그제를 하면 금융허브가 될 수 있다. 왜냐하면 글로벌 은행들이 홍콩에서 자유롭게 중국을 비롯한 아시아 국가들에게 금융상품을 팔 수 있기 때문이다.

만약 홍콩 HSBC은행에서 금융상품에 투자하여 돈을 벌었는데, 홍콩에서 번 홍콩달러를 달러로 바꾸려고 할 때 페그제가 아니라면 어떻게 되겠는가? 환율에 의해 더 벌 수도 또는 못 벌 수도 있는 상황이 벌어진다. 제조업 국가일수록 그 변동이 심하고 오히려 제조업 국가라면 돈을 못 벌 가능성이 더 커진다. 왜냐하면 제조업국가는 자국의 공산품을 싸게 팔기 위해 자국의 통화가치를 계속해서 낮게 유지하려는 경향이 있다. 그런데 금융투자를 한 투자자는 오히려 돈을 벌어가야 하는데 달러로 바꾸려니 환차손을 보았다. 이처럼 손해가 날 투자는 외국인은 하지 않는다는 얘기다.

그래서 홍콩의 제조업은 무너지고 말았다. 달러와 홍콩달러가 항상 연동되니 미국의 경제상황은 좋은데 홍콩이 안 좋을 경우, 자신의 경제 상황과 상관없이 금리를 같이 올려야 했기 때문에 제조업이 버틸 수 없었던 것이다.

그리고 지속적으로 강 달러를 유지하는 것이 미국의 입장이다. 미국은 항상 적자를 봐야 세계적으로 달러가 많이 풀려서 세계의 교역이 활발해지기 때문이다. 그렇기 때문에 미국의 달러는 다른 나라의 통화가치보다 대부분 높은 상태를 유지한다. 그러므로 홍콩의 제조업은 무너질 수밖에 없었던 것이다.

이를 일본에 적용해 보자.

일본은 제조업 강국이다. 그런데도 불구하고 페그제를 실행했다고 하자. 일본의 제조업은 완전히 망할 것이다. 그러니 일본은 아시아의 금융허브가 될 수 없는 것이다.

결국 이 일로 인해 도쿄는 금융허브가 되지도 못하고, 엄청나게 공급된 주거지만 남게 되었다. 결과적으로 베드타운 기능만 하던 신도시의 핵심인력 청, 장년층을 도쿄 도심으로 빼앗아오는 효과를 발휘한다. 그러다 보니 이후 신도시의 몰락은 더 가속화된다. 소비의 주체였던 청장년층의 도쿄 유입으로 신도시에는 노인층만 남게 된다. 게다가 신도시의 문제는 더 있었다.

학교자리엔 요양 시설이… 지자체 226곳 중 95곳' 인구절벽'

노인이 늘면서 경로당은 413개에서 635개로 늘어났고, 폐교한 학교 2곳은 노인요양시설로 바뀌었다.

_2016년 5월 25일자 조선일보

이 기사는 일본이 아닌 한국의 기사다. 학교의 요양시설화가 더 많이 진행된다면 어떻게 될까? 일본의 자민당은 제 1당이다. 그들은 일본의 노인인구가 표밭이다. 노인에게 인기가 많다는 뜻이다. 그래서 노인의 심중을 헤아리고 노인에게 유리한 정책을 많이 편다. 그런데 다마신도시에 사는 어느 할머니의 인터뷰 동영상 중 이런 내용이 나온다.

"더 나이가 들면 지바에 있는 노인홈으로 들어갈 생각도 갖고 있어요."

이 말은 무엇을 의미하는가? 일본의 자민당이 가장 싫어하는 신문기사는 혼자 사는 독거노인의 고독사 문제이다. 그런데 이런 기사가 이어지면 자민당은 난감해진다. 노인을 위한 정책을 어떻게 펴고 있는가에 대한 질책 때문이다.

그래서 자민당은 혼자 사는 노인이 편안히 노후를 보낼 수 있는 대책을 마련한다. 일정 나이가 지나 혼자 거동하기 불편할 경우 노인요양시설로 옮기는 방법을 강구하는 것이다. 그런데 대규모 인원을 수용할 곳을 찾다가 신도시에는 어린애들이 살지 않고 대부분 독거노인이 사니 관공서 중에 학교건물을 노인요양시설로 바꾸면 좋겠다는 생각을 한다.

그래서 노인들이 거동이 불편해지면 나랏돈을 들여 만든 노인요양시설로 옮기고 그들에게 노인돌봄서비스를 한다. 물론 사회복지사, 요양보호사, 간호사 심지어는 의사도 고용해 편안히 독거노인이 생을 마칠 수 있도록 도와준다.

그렇다면 독거노인이 아파트 한 동에 5명 사는데 이들이 학교에서 용도 변경한 요양보호시설로 가면 어떻게 되는가? 가뜩이나 거래가 없는 아파트는 그야말로 흉물이 되는 것이다.

〈도쿄권 노선 거리별 역 주변 주택지 평균공시지가 변화율(1998~2006)〉

거리/노선	도심부	남부	서부	북부	동부
5km미만	+8.7				
5km~10km	-4.6	-12.2	-8.4	-21.9	-26.4
10km~15km		-10.3	-14.1	-21.8	-28.3
15km~20km		-26.5	-13.7	-22.2	-32.1
20km~25km		-23.9	-21.6	-21.6	-34.6
25km~30km		-24.9	-23.9	-23.9	-37.8
30km~35km		-39.2	-32.0	-32.0	-44.9
35km~40km			-42.0	-42.0	-53.2
40km~45km			-46.3	-46.3	-57.6
45km~50km			-48.3	-48.3	-46.4

50km~55km	-59.6	-59.6	-47.9
55km~60km			-55.1

이 표를 보면 도쿄권의 역주변만 올랐고 나머지 지역은 하락을 면치 못했다. 앞으로 우리나라도 최악의 시나리오로 간다면 서울의 역주변 이외 지역은 힘들다고 봐야 한다. 가뜩이나 서울의 면적은 605.2km²로 도쿄도 면적2,188km²의 1/3 정도에 불과하다. 그리고 서울 인구는 약 1000만 명, 도쿄도 인구는 약 1362만 명으로 인구도 적다. 그러니 도쿄가 그렇게 망했는데도 불구하고 도쿄의 역세권은 오히려 올랐으니 서울의 역세권은 앞으로도 떨어지는 것이 아니라 오히려 오를 것으로 예상할 수 있다.

다마신도시의 인구구조가 몰락의 길로 들어선 원인을 다시 정리해보자.

첫째는 수요 감소로 인한 인구 감소를 들 수 있다. 사람은 줄고 살 곳은 많아지니 차라리 출퇴근하기 편한 도쿄로 들어가는 것이 교통비면이나 생활면에서 유리하다.

둘째는 공급 증가로 인한 도쿄 도심의 도심재개발이다. 도심재개발로 사람이 줄어도 공급은 늘어나니 공급가격이 싸져서 낡고 오래되고 게다가 교통까지 불편한 신도시 아파트에 굳이 살 필요가 없어졌다.

셋째는 가장 큰 이유인 베드타운이다. 베드타운인 신도시는 반드시 도쿄 도심으로 출퇴근이 되어야 한다. 다마신도시가 세워질 무렵 일본은 교통비를 기업에서 대주는 조건으로 젊은 직원들이 많이 입주했다. 그래서 무려 30Km가 떨어진 다마신도시에서 도쿄로 출퇴근을 할 수 있었다. 동탄이 35Km 떨어져 있으니 얼마나 먼 거리인지 알 수 있다.

기업의 교통비 지원 덕분에 당시에는 교통비가 큰 문제가 아니었다. 다마신도시에서 도쿄 도심까지 싼 철도를 이용하더라도 편도 1만5천원, 하루 왕복 3만 원이다. 한 달이면 80만 원 가까이 된다. 택시를 비롯한 다른 교통요금은 출퇴근 비용으로 한 달에 몇 백만 원을 교통비로 치러야 한다. 지원 없이 개인이 감당하기 벅찬 금액이다. 기업의 지원이 있었기에 가능한 일이었다.

게다가 다마신도시는 노인들이 살기 힘든 도시가 되어가고 있다. 그 이유는 저밀도로 개발된 곳이기 때문이다. 저밀도 개발은 아파트의 층수를 낮추고 동간거리를 넓혀 녹지 공간을 늘리는 방식이다. 외관상으로는 좋아 보이지만 올드타운인 이 신도시는 노인들에게는 지옥이다.

저밀도는 자가용으로 출퇴근하는 젊은 사람들이 살기에 편한 곳이다. 젊으면 집 근처 공원 같은 녹지공간에서 아이들과 뛰어놀기도 좋다. 그러나 불가피하게 쇼핑센터부터 각종 편의 공공시설이 떨어져 있어 차가 없으면 불편하다는 단점이 발생한다. 그런데 이제 청장년층이 빠져나가고 걷기 불편한 노인들만 남았다. 사실 노인들이 살기에 가장 좋은 곳은 각종 편의시설이 밀집한 고밀도 도시지역이다. 그러니 다마신도시에 있는 노인들은 살기 불편할 수밖에 없다.

우리나라의 2기 신도시는 일본 다마신도시와 비슷하다. 2007년도 부동산 급등기에 2기 신도시가 급하게 발표되었는데, 일본의 다마신도시와 탄생 배경이 동일하다. 현재 2기 신도시는 분양이 저조하거나 착공하지 않았다면 규모가 축소될 것이며, 훗날 인구 감소와 더불어 몰락의 길을 걷게 될 것이라 예상한다.

1기 신도시도 현재 3기 신도시의 서울 근접성을 따라가지 못하고 게다가 아파트마저 노후화 되어 안심할 입장이 아니다.

이 모든 것을 종합하여 앞으로 변하지 않을 사실을 살펴보자.

첫째, 일본처럼 고령화가 지속되어 부동산을 구매할 여력이 있는 수요층은 계속 줄어든다. 그래서 부동산의 전체적인 가격은 점차 떨어질 것이다. 우리나라의 출산율이 높아지거나, 미국처럼 이민을 적극 장려하여 이민자들을 많이 받아들이거나, 통일이 되어 북한 사람들이 남쪽으로 내려와 인구가 늘어난다거나, 외국의 기업이 한국으로 들어와 활발히 활동한다는 등의 변수가 일어나지 않는 한 말이다.

둘째, 도심과 산업단지의 가치다. 부동산이 떨어진다 해도 차별화되어서 오를 곳은 더 오르고 떨어질 곳은 더 떨어진다. 그러니 경제 자립도가 높은 곳을 눈여겨봐야 한다. 서울 도심은 기업이나 은행 같은 경제뿐 아니라 대학과 같은 교육, 문화, 정치 등의 집합체이기 때문에 가치가 있다. 기업들이 몰려 있는 산업단지는 경제에서만큼은 자립도가 높다.

앞서 살펴본 일본처럼 우리나라에서도 향후 도심회귀가 일어날 테고 인구 감소는 이어지겠지만 1인이나 2인가구는 오히려 증가할 것이다. 노인인구가 증가하고 결혼이 늦어지는 만혼이 늘어나면서 2인 이하가 살 수 있는 주택의 수요는 늘어날 것이다. 역세권의 도심형 생활주택처럼 소규모 세대를 위한 공간은 더 필요할 것으로 전망된다. 수요는 공급을 창출하고 수요가 많은 곳은 가격이 상승하게 되어 있다. 그러니 그곳에 위치한 부동산은 최악의 시나리오가 현실화되더라도 살아남을 것이다.

다마신도시의 가장 큰 실패는 베드타운이라는 한계에 있다. 도쿄 도심과의 거리를 극복하지 못하고 노인들만 사는 도시로 전락했다.

여기서 한 가지 예를 들어보자. A라는 사람은 2기 신도시에 집을 마련했고 직장은 서울이 아닌 집 근처다. 이럴 때 향후 어떻게 집을 처리해야 할까? 직장이 가까운 곳에 있으므로 집을 옮길 수는 없지만 집값 하락 이유가 충분한데 굳이 현재의 집을 보유할 필요가 없다. 집을 팔고 거주 목적으로 직장과 가까운 곳에 전세를 얻는다. 집을 팔아 남은 돈과 가지고 있던 여윳돈을 모아 서울 역세권 오피스텔을 사거나, 사기 위해 자금을 모아간다. 투자 목적이 아니어도 이렇게 할 수 있다. 가격이 떨어지는 집을 붙잡고 있을 이유는 없다. 자산의 손실을 눈 뜨고 바라만 보는 것은 어리석은 행동이다. 향후 오피스텔을 시세차익을 얻고 다시 팔거나 셰어하우스로 임대수익을 올릴 가능성이 생기며, 집값이 떨어지는 시나리오가 발생해도 살아남을 수 있다.

지금 사는 곳을 반드시 내 집으로 만들어야 할 필요는 없다. 거주와 투자를 분리하면 해결 가능한 문제다. 현명하게 판단해야 한다는 사실을 잊지 말기 바란다.

9장.
최악의 시나리오3 _수도권 임대사업자의 핵폭탄, 기업형 뉴스테이

'택지개발촉진법' 폐지… 신도시 건설정책 '마침표'

1일 정부는 이번 방안에서 대규모 택지 공급 시스템인 '택지개발촉진법'을 폐지하고 이 법의 폐지 뒤 공공주택법과 도시개발법을 바탕으로 중·소형 택지를 공급하겠다고 밝혔다. 이와 함께 한국토지주택공사의 주택 공급 사업도 속도를 늦춘다. 먼저 2017년까지 3년 동안 토주공의 대규모 공공 택지 지정을 중단하고, 토주공의 토지은행에 2만채(2조원) 규모의 택지를 당장 개발하지 않고 묶어두기로 했다.

_2014년 9월 1일 한겨레

정부는 더 이상 택지개발을 하지 않고, 신도시도 그만 짓기로 발표했었다. 왜 그랬을까? 세계화로 인해 기업이 한국에 더 이상 공장을 짓지 않기 때문이다. 공장을 짓지 않으니 공장에 출퇴근 수요를 분산할 신도시가 필요 없게 된 것이다. 그래서 정부는 택촉법(택지개발촉진법)을 없애고 중소형 택지만을 공급하기로 했다.

그런데 문제가 생겼다. LH(한국토지주택공사)가 가지고 있는 임대주택부지다. 갑자기 택지개발을 중단하자 이미 사놓은 임대주택부지를 활용할 방안이 없었던 것이다.

임대주택부지는 신도시를 지으면서 주택용지, 상가용지를 팔아서 남는 돈으로 임대주택부지를 짓는다. 그런데 갑자기 택지개발을 중단하니 주택용지, 상가용지는 분양을 하거나 팔아서 그 용도를 맞출 수 있으나 임대주택부지는 적자가 나게 생긴 것이다.

그래서 나온 것이 바로 뉴스테이(New Stay)다. 임대주택부지는 여러 가지 법적인 제약이 많으니 아무도 안 하려고 했다. 그래서 인센티브를 주면서 민간임대를 활성화하고 이를 통해 임대주택을 늘리려는 시도를 했던 것이다.

이때 제시한 인센티브는, 건설사에게 일반 주거 3종일 때 300%(법적 상한 용적률)로 올려주고 8년 후에는 임대 후 분양이 가능하게 해주며 8년 동안 주변시세와 똑같은 가격에 임대를 놓을 수 있도록 배려해 준 것이다.

지금까지 주택임대는 민간임대업자끼리의 임대시장이었

지 건설사 등과 같은 대규모 기업 프랜차이즈와 경쟁을 하는 임대시장이 아니었다. 그러나 뉴스테이를 하면서 이러한 공식이 깨져 버렸다. 즉 대기업 임대 프랜차이즈가 될 수도 있는 길을 열어 놓은 것이다. 이러한 상황에서 향후 뉴스테이(대기업 임대 프랜차이즈)가 몰고 올 후폭풍에 대해 살펴보자.

만약 전세를 사는 세입자가 집주인에게 전화해서 이런 말을 하면 어떻게 대응하겠는가?

"사장님, 거실 형광등이 나갔는데 고쳐주세요."

그러면 집주인은,

"본인이 쓰는 소모품은 직접 가셔야죠."

그러나 뉴스테이는 직원이 상주해 있기 때문에 갈아준다.

신혼부부 위한 맞춤형 공간, 아이파크의 첫 뉴스테이

아이파크 브랜드의 특화된 주거 서비스도 제공될 예정이다. 아이들을 돌봐주고 산후도우미나 노인 돌봄 활동을 제공하는 '아이 케어 서비스'와 입주민들의 재능 기부를 통해 다양한 교육 서비스를 제공하는 '아이 커뮤니티 서비스'를 시행한다. 차량 정비, 카셰어링, 물품 구매 등 주민의 각종 민원을 대행해주는 등의 '아이 컨시어지 서비스'도 있다. 조식(朝食) 서비스, 종합검진, 스포츠센터 프로그램 등의 '아이 리빙 서비스'도 제공된다.

_2017년 3월 13일자 조선일보

뉴스테이를 하는 대기업 관련 기사이다. 이 기사를 보면 뉴스테이가 앞으로 주민들에게 제공할 여러 가지 서비스에 대해 나온다. 이중 조식 서비스가 눈에 띈다. 조식서비스는 강남의 신규로 지어진 재건축 아파트에 적용이 되어 주민들에게 인기 있는 서비스이다. 아침을 준비해야 하는 주부들의 수고를 덜어주는 서비스로 인기가 높다.

'아침은 먹고 다니십니까?'…조식 주는 고급 아파트들

올해 5월 말 집들이를 한 성동구 성수동 고급 주상복합 '트리마제'에서 최근 본격 운영된 조식 서비스가 온라인 커뮤니티 등에 공개돼 인기를 끌면서 이달 반포동 '반포리체아파트'(2010년 입주)도 조식 서비스를 시범 운영하기로 했기 때문이다. 여기에서 말하는 조식 서비스는 아파트 입주민을 대상으로 단체 급식 형태로 아침밥을 주는 것이다. 한 끼에 4000~6000원 정도의 돈을 내면 아침밥이나 이른바 '브런치'를 먹을 수 있다. 올해 3월 수도권 인기 택지지구인 '미사지구'에서 집들이를 한 경기도 '미사강변센트럴자이'는 아예 입주민들이 직접 나서서 조식 서비스를 운영하기로 했다. 이병기 입주자 대표는 "최근 분양한 아파트 중에서 입주민들이 조식 서비스를 직접 운영하는 사례는 없었다"며 "단지 내에 따로 조식 서비스 등을 해주는 카페테리아를 짓기 위해 인허가를 받았다"고 말했다. 관리비가 늘어날 것이라는 지적과 달리 한 끼에 5000원 정도 가격으로 아침밥을 사 먹겠다는 주민이 많아 수지 타산을 크게 걱정할 단계가 아니라는 설명도 덧붙였다. 위례에서도 '자연앤 래미안 e편한세상'이 풀무원과 손잡고 조식 서비스를 운영하고 있다.

_2017년 9월 27일자 매일경제

한 끼에 4000~6000원 정도의 돈을 내면 아침을 준다는 얘기다. 그리고 원하면 도시락도 싸준다. 바쁜 아침에 번거롭게 아침을 차리고 점심까지 준비할 필요가 없다.

조식서비스는 강남의 비싼 아파트에서나 제공하는 것으로 알았는데, 뉴스테이에서도 제공된다. 물론 모든 뉴스테이에서 조식서비스를 하는 것은 아니지만 조식 이외에도 다양한 서비스로 소비자를 유혹하고 있다. 이중 파격적인 것들도 많은데 커피를 마시며 수다를 떨 카페테리아도 제공해주고, 7시 이후 늦은 저녁에 아이를 돌봐줄 어린이집을 운영하기도 한다.

이러한 대기업 뉴스테이가 들어온다면 기존의 민간임대업자는 어떻게 되는가?

서비스 측면에서 대기업과 상대가 되지 않는다. 기껏 제공하는 서비스가 도배, 장판 정도인데 솔직히 이것은 서비스라고 볼 수도 없다. **뉴스테이가 본격적으로 들어오면 기존의 집주인들은 긴장을 해야 할 것이다. 그때부터는 대기업과 경쟁을 해야 하는 위치에 처하기 때문이다.**

뉴스테이의 시세는 어느 정도인지 살펴보자.

뉴 스테이 확 바꾼다

초기 임대료도 인근 단지 시세의 90~95%로 제한하기로 했다. 정책지원 계층이 입주하는 특별공급 물량에는 시세의 70~85%를 적용한다. 임대료 상승률은 기존과 같이 연 5%로 제한한다.

박선호 국토부 주택토지실장은 "다수의 민간 건설회사를 접촉한 결과 공공지원주택에 관심이 높다"며 "주택도시보증공사가 출자하는 데다 용적률 상향 등 인센티브가 있어 수익률이 나쁘지 않을 것"이라고 말했다.

_2017년 11월 29일자 한국경제

박근혜정부 시절 뉴스테이는 주변의 임차료와 똑같은 가격을 받고 2년마다 5% 이상을 올리지 못하도록 하는 정책을 폈다. 그러나 현재 문재인 정부가 들어오고 나서 시세의 90~95% 수준으로 낮추었다.

이것이 미치는 영향은 무엇인가? 기존의 민간임대업자가 더 불리해지는 것일까? 그렇다. 기존의 민간임대업자는 서비스도 안 좋은데 임대료도 뉴스테이보다 더 비싸게 받는다. 그러니 세입자들은 뉴스테이가 생기면 그쪽으로 이동하게 될 개연성이 높다.

뉴스테이가 생기는 지역은 주로 어디인지도 살펴보자.

〈지역별 응모현황 및 공급예상 물량〉

지역	구역수(개)	구역명(뉴스테이 공급예상 물량)
총계	37	54,394
서울	1	강북2 재개발(366)
인천	14	경동 도환(806), 송림초교 주환(1,149), 금송 재개발(1,541), 송림1,2동 재개발 외(1,969), 석남4 재개발(717), 화수화평 재개발(1,907), 도화1 재개발(1,209), 미추8 재개발(2,703), 전도관 재개발(830), 주안10 재개발(854), 학익10 재개발(358), 부평4 재개발(1,467), 산곡4 재개발(793), 십정5 재개발(1,830)
경기	7	장암3 재개발(539), 일산2 도환(3,938), 능곡6 도환(2,494), 북면3 재개발(1,293), 북면4 재개발(2,732), 금촌2 재개발(632), 괴안20 도환(334)
충북	3	모충1 재개발(654), 우암1 재개발(2,650), 탑동1 재개발(1,535)
충남	2	원성 재건축(2,065), 대흥4 도환(2,987)
대전	3	도아번11 재개발(458), 대화1 재개발(522), 대화2 재개발(717)
대구	2	내당내서 재건축(340), 팔달 재건축(627)
부산	4	감만1 재개발(4,346), 우암1 재개발(1,525), 우암2 재개발(2,794), 감천2 재개발(1,487)
울산	1	B-14 송화3 재개발(1,226)

2016년 기준 뉴스테이가 예정되었던 지역이다. 서울은 1개 구역(강북2

재개발)밖에 없고 나머지는 수도권과 지방이다. 즉 서울은 거의 뉴스테이를 하지 못한다는 의미인데, 이유는 분양가 때문이다.

> **'서울 첫 뉴스테이 연계 정비' 강북2구역, 최종 무산**
>
> '글로스타AMC'가 낮은 보상가를 제안하면서 조합원들의 반발을 샀다. 한 조합원은 "글로스타AMC가 아파트를 3.3㎡당 최고 1285만 원에 매수하겠다고 했는데 이는 주변 아파트 분양가인 3.3㎡당 1500만 원에도 못 미친다"고 반대 이유를 밝혔다.
>
> _2016년 11월 29일자 뉴시스

이 기사는 뉴스테이를 추진하던 강북2구역의 사업 무산에 관한 이야기다. 내가 보기에도 앞으로 서울에서는 뉴스테이가 당분간 불가능해 보인다. 이유는 글로스타AMC라는 시행사가 내세운 평당 가격 때문이다.

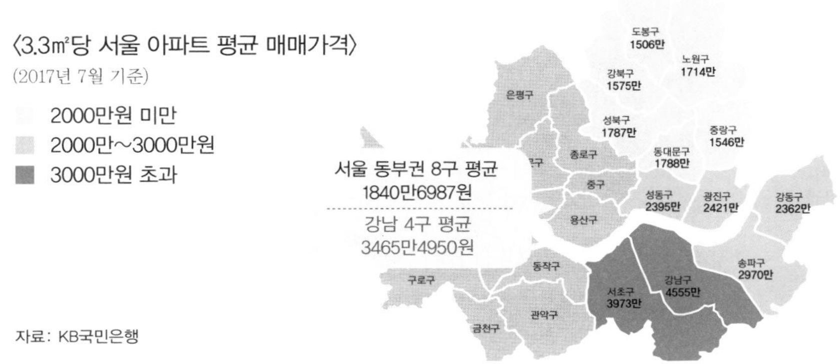

〈3.3㎡당 서울 아파트 평균 매매가격〉
(2017년 7월 기준)

자료: KB국민은행

〈서울 강남 3구 입주 물량〉

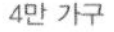

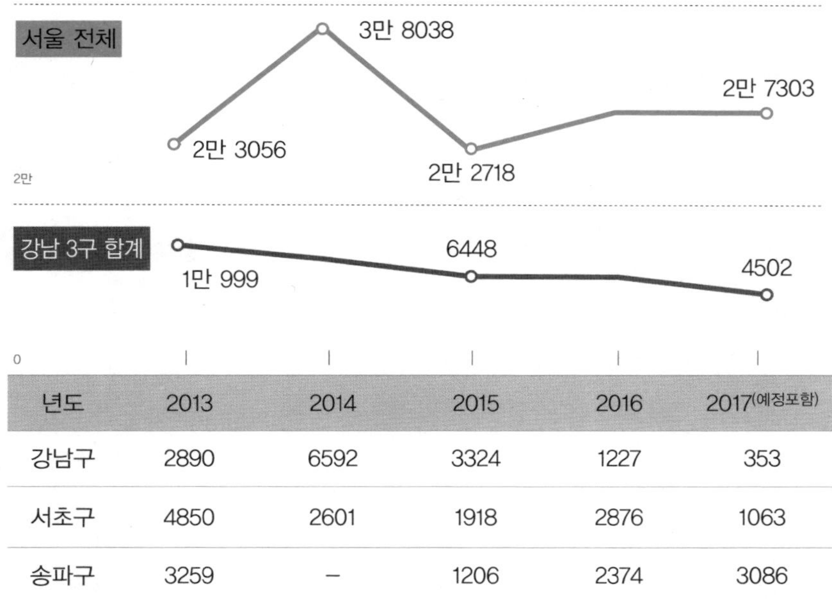

년도	2013	2014	2015	2016	2017(예정포함)
강남구	2890	6592	3324	1227	353
서초구	4850	2601	1918	2876	1063
송파구	3259	–	1206	2374	3086

*아파트, 도시형 생활주택, 임대 포함(오피스텔 제외)

자료 : 부동산인포

앞의 표를 보자. 강북구의 아파트 평균 매매가격은 1575만 원이다. 그런데 시행사가 내놓은 가격은 1285만 원에 불과하다. 그래서 주민들은 1500만 원은 받아야 한다고 주장을 했다. 그리고 뉴스테이의 특성상 임대기간 8년을 세입자로 살아야 한다. 그리고 분양이다. 그런데 재개발로 분양을 해도 충분한 동네에 뉴스테이가 웬 말인가? 거기다가 분양가격도 1300만 원 이하이고 말이다. 그러니 서울에서는 될 리가 없다.

그러니 재개발로써 사업성이 떨어지는 수도권이나 지방만이 뉴스테이 공급이 늘 것이다. 결국 대기업이 임대를 하는 뉴스테이 방식으로 민간임대업자가 싸워야 하는 불리한 곳은 서울이 아닌, 수도권과 지방이 될 것이다.

10장.
최악의 시나리오4 _청년실업 현상이 부동산에 미치는 영향

청년실업이 일어나는 원인은 바로 급격히 진행되고 있는 세계화 때문이다. 세계화로 인해 이익을 보는 곳은 선진국의 자본가와 개도국의 노동자이다.

왜냐하면 선진국의 자본가는 저렴한 곳에 공장을 짓고 자본을 대고 기술을 접목시켜서 자사 제품의 원가를 낮춘다. 그리고 개도국의 정부는 저렴한 토지를 제공하고 각종 세제 혜택과 저리의 대출로 선진국의 기업을 끌어들인다. 그리고 제발 일자리만 만들어달라고 한다. 그래서 삼성전자의 구미 스마트폰 조립공장은 대거 베트남으로 넘어 갔다. 삼성뿐만 아니라 한국의 많은 기업들이 베트남에 공장을 짓는다. 베트남 경제를 한국기업이 먹여살리고 있다는 말까지 나오는 상황이다.

베트남 '삼성맨' 올해 15만명 돌파

지난해 말 기준 삼성 전자계열사들이 베트남에서 고용한 인력은 13만 7000명이다. 작년 매출은 400억달러 수준이었다. 고용 인원은 9.4%, 매출은 25%가량 늘어나는 것이다.

이철구 삼성전자 베트남법인 상무는 "삼성전자는 관리직 500명을 현지에서 모집했지만 이 중 50%만 뽑았을 정도로 고급 인력 조달에 어려움을 겪고 있다"며 "가까운 미래에 관리직의 90%를 베트남인으로 채워 현지화를 강화하겠다"고 말했다.

_2017년 5월 9일자 한국경제

세계화로 인해 손해를 가장 많이 보는 사람들은 선진국의 노동자이다. 대표적으로 미국을 보자. 자동차 공장들이 저렴한 인건비와 낮은 관세 때문에 멕시코로 옮겨간 이후 러스트벨트(공업쇠락지역)가 생겼고 그로 인해 트럼프가 당선된다.

노동자 중에서도 가장 크게 손해를 보는 사람은 바로 청년층이다. 이들은 비숙련 노동자이기 때문이다. 게다가 우리나라의 대학진학률은 한때 80%를 넘어설 정도로 높았다. 그러나 이런 학력과잉은 청년 실업 상승으로 이어졌다. 이들이 취직할 만한 대기업의 일자리는 한정되어 있기 때문이다.

청년들이 취직을 하려는 직장은 공무원 아니면 대기업 직원인데 이들이 취업준비를 하기에 좋은 곳은 어디인가? 바로 서울이다. 이 현상이 부동산에 영향을 미친다.

"공무원 첫 도전하나?"… 한 반 150명 중 130명 '손 번쩍'

지난달 17일 마감한 올 하반기 7·9급 공무원 시험에는 429명 뽑는데 10만6186명이 몰렸다. 9급 공무원 경쟁률 301.9대1은 사상 최고치다.

_2017년 9월 20일자 조선일보

공무원 시험에서 합격할 확률은 겨우 2%이다. 98%는 낙방의 고배를 마실 수밖에 없다. 이 확률이 무서운 점은 98%의 떨어진 청년이 매년 쌓인다는 점이다.

예를 들어 100명이 시험을 보았다. 그리고 2명이 합격을 했다. 그리고 98명이 떨어졌다. 그런데 올해 떨어진 학생들은 내년에 시험을 안 볼까? 당연히 볼 것이다. 공무원 시험 재수는 기본이다. 그렇다면 내년에는 98명만이 시험을 볼까? 그럴 리가 없다. 내년에 또 100명이 추가 되는 것이다.

그런데 공무원 시험준비의 나쁜 점은 공무원 시험준비를 하다가 30대가 되면 다른 곳에 취업 원서조차 내볼 수 없다는 데 있다. 지금까지 공무원 시험준비만 했는데 스펙을 쌓았을 리가 없고 세상과 벽을 쌓고 시험준비를 하느라 세월이 흐른 줄도 몰랐다. 정신을 차려보면 기업에 취직하기에 너무 많은 나이가 되어 있다.

대기업 준비도 서울이 좋다. 취업설명회는 대부분 서울의 본사나 서울의 유명대학 강당에서 개최된다. 정부에서 개최하는 각종 설명회도 서울에서 하는 비율이 높다. 그러니 지방에서 학교를 졸업하고 취업을 하고 싶어도 대부분 취업정보는 서울에 있기 때문에 취업정보를 얻을 기회조차 박탈된다.

따라서 청년들은 서울로 올라와야 하는 것이다. 게다가 이들도 낙방생들이 쌓인다는 문제점을 갖고 있다. 한 해에 졸업을 하는 대학생이 60만 명이라면 취업은 50% 정도인 30만 명 정도 된다. 나머지 30만 명은 다음해에 취업 재수를 할 수밖에 없다.

혹은 졸업을 앞두고 휴학을 하기도 하는데, 이들도 취업 준비생이기는 마찬가지다. 올해가 아니면 어차피 다음 해에 취업에 도전해야 하기 때문에 매년 몇 십만 명 수준으로 취업 준비생이 쌓일 수밖에 없는 구조가 된다.

그런데 이들이 어디 있어야 하는가?

지방은 취업설명회조차 들을 수 없는 여건이다. 만약에 취업이 되었다 하더라도 대부분 대기업의 본사는 서울에 있다. 그러므로 서울로 올라와야 한다. 게다가 요즘에는 한 번에 정규직이 되는 것이 아니라 인턴기간이 있어서 인턴을 해야 하는데 주로 서울 본사에서 인턴생활을 해야 한다. 어떤 경우든 결국 서울로 올라와야 한다.

그리고 서울에는 이들이 생활하기에 여러모로 편리하다. 서울에는 공무원이나 각종 시험을 준비할 학원이 많은데다 아르바이트 자리도 충분해서 스스로 생활비를 충당할 수 있다. 최저임금이 오르면서 지방에는 아르바이트생을 자르고 본인이 직접 하는 자영업자도 많은데 서울은 상대적으로 매출이 높아 아르바이트생을 쓰는 비율이 지방보다는 높다. 게다가 역세권에 집을 얻으면 늦게까지 공부를 하거나 아르바이트를 하다가 오더라도 저렴한 지하철을 이용할 수 있기 때문에 교통비 문제에 있어서도 유리하다.

그리고 서울의 5대 상권인 홍대, 건대, 강남역, 신촌, 명동 등은 젊은 이들이 머리를 식히기에도 좋은 장소들이다. 이들이 추구하는 라이프스타일, 즉 노천카페에 앉아서 노트북을 펴고 아메리카노 한 잔을 마시며 한낮의 햇볕을 즐기기에는 더 없이 좋다.

그래서 청년은 지방에서 학교를 졸업했어도 취업준비나 시험준비 또는 직장을 갖더라도 무조건 서울로 올라올 수밖에 없다. 이들의 주거형태는 서울 역세권 오피스텔에 모여 사는 셰어하우스 형태로도 발전한다.

이 현상으로 알 수 있는 부동산 가격변화는 무엇인가? **사람이 떠나는 곳은 가격이 떨어지고, 사람이 모이는 곳은 가격이 오르거나 최소한 떨어지지 않는다. 결국 다시 서울만 살아남는다는 의미다.**

11장.
최악의 시나리오5
_노인의 도심 선호

심근경색 환자 응급실 도착 시간, 지역 격차 커… 최대 7시간 걸리기도

황진용 교수는 "지방에는 고령자가 많고, 의료 기관의 접근성이 떨어져 이러한 결과가 나온 것"이라고 말했다.

뉴고려병원 오동주 원장(고대의대 심장내과 명예교수)은 "심근경색 사망률은 지방 환자가 서울에 비해 3배나 된다는 조사가 있다"며 "심근경색은 갑자기 발생하며 빠른 대처만 이뤄진다면 사망률을 크게 줄일 수 있으므로 평소 심근경색 증상을 숙지하고 주변에 시술이 가능한 병원을 알아두라"고 말했다. 황진용 교수는 "지방 환자의 특성, 지방의 응급후송체계, 의료 기관의 실력

등을 고려한 공공 정책이 필요하다"고 말했다.

_2018년 1월 23일자 조선일보

안타까운 사실이지만, 서울이 아닌 지방에 사는 고령자는 심근경색으로 사망할 확률이 3배나 높다.

노인이 되면 농촌으로 귀농한다는 사람들이 많다. 그러나 노인은 서울에 살아야 한다. 왜냐하면 병원 때문이다. 암에 걸리면 지방의 대학병원보다는 서울의 유명 병원을 찾기 마련이다. 왜냐하면 생명이 걸린 문제인데 좀 더 좋은 병원에 입원하여 치료받기를 원하는 간절한 마음이 아닐까 한다. 그래서 몇 달을 기다려서라도 꼭 서울의 유명한 병원에 예약을 하고 암수술을 받는 사람이 대부분이다.

암은 수술로 끝나지 않는다. 암수술을 했어도 7일 만에 퇴원을 해야 한다. 수술이 끝났고 집이 지방이니 집으로 내려가면 되는가? 수술 합병증 때문에 혈압이나 출혈 등 이상현상이 있다면 바로 수술을 받았던 병원으로 가야 하는데 지방이라면 올라오다 변을 당할 수 있다.

그러니 아산병원과 같은 대형병원 인근 고시원은 암수술 받은 환자와 보호자가 쌍을 이루어 거주하는 방을 따로 운영한다. 고시원과 병원 간 정기적인 셔틀버스도 운행한다.

병원에 입원하더라도 서울에 있는 병원에 입원을 해야 친척들이라도 오가지 지방 병원에 입원하면 친인척들의 병문안도 힘들다. 어떤 지방이든 서울로 오기는 쉬워도 지방에서 지방으로 가기는 힘들기 때문이다.

60세가 넘어가면 평소 건강했던 사람도 병원에 갈 일이 많아진다. 병원에 가기 쉬워야 건강관리도 되고 마음도 놓인다. 한때 실버타운이라는 말이 유행했었다. 그런데 요즘은 실버타운이라는 말을 들어본 적이 없을 것이다. 왜 그럴까?

일단 실버타운(국가와 지방자치단체 등이 재정을 지원하여 운영되는 양로원이나 요양원과 달리 입주자들의 입주금으로 운영되는 노인 거주단지)은 그 종류에 따라 도시형, 도시근교형, 전원휴양형으로 나뉜다.

그런데 도시형 실버타운만이 주목을 받는다. 실버타운이 지방에 있으면 손주를 보고 싶어도 보기가 어렵다. 며느리들은 멀다는 핑계를 대며 내려가지 않는다. 그리고 시골에 위치하고 있어 적적하다. 병원 등의 편의시설을 이용하기도 불편하다.

여러 가지 이유로 전원휴양형 실버타운보다는 주로 도심 역세권 오피스텔에 위치한 노인전용실버타운이 각광을 받고 있다. 보증금 2억 원에 월세 200만 원 정도를 내고 입주하는데 주로 역세권에 오피스텔이나 주상복합 아파트를 개조해서 짓는다.

이곳에는 의사, 간호사, 영양사 등 건강을 관리할 전문인력들이 상주하고 있다. 식사를 제공하며 영화관, 노래방 등 부대시설도 훌륭한 곳들이 많다.

병이 그나마 덜 걸리는 60대 초반에는 귀농을 하지만, 그것도 젊을 때이고 몸이 아프면 다시 도시로 오게 되어 있다. 게다가 노인들도 노인택배를 비롯한 아르바이트 자리도 서울이 더 유리하다. 왜냐하면 지하철은 공짜이기 때문이다. 그리고 지하철을 통해 서울의 어느 지역이든 갈 수 있고 수도권으로 움직이는 것도 가능해서 등산이나 온천과 같은 지역의 이동도 훨씬 수월하다.

이 현상에서도 우리는 한 가지 결론을 얻을 수 있다. **결국 '서울로 서울로' 사람들이 모여든다는 것이다.**

12장.
최악의 시나리오6 _지방의 일자리 소멸

과거에는 서울보다 GRDP(지역총생산)가 높은 지방이 많았다. 예를 들어 울산이나 거제 지역은 자동차, 조선 등 세계적인 수출산업단지가 많고 그곳에서 일하는 노동자는 높은 임금을 받았기 때문에 서울보다 평균소득이 높았던 것이다.

그런데 지금은 상황이 많이 바뀌었다. 이 역시 세계화 때문이다. 생산공장은 저렴한 인건비를 찾아서 해외로 나가고 국내에는 빠져나간 공장의 빈터만이 남아있을 뿐이다. 그래서 미국도 러스트벨트에는 일자리를 잃은 가장들이 사회보조금으로 연명을 하면서 힘들게 살았던 것이다.

우리나라의 지방이 어려워진 이유는 다음과 같다.

한국에는 대기업 조선소로 현대중공업, 삼성중공업, 대우조선해양이 있다. 전에는 한진중공업도 있었으나 지금은 필리핀의 수빅조선소로 옮겨갔다. 아래는 수빅조선소 대표의 인터뷰다.

한진중공업 수빅조선소 완공 6년 만에 선박 100척 건조

심정섭 수빅조선소 대표는 "필리핀 노동자의 생산성이 한국의 절반에 미치지 못하지만, 인건비는 10%에 불과해 저가로 밀어붙이는 중국에 비해서도 경쟁력이 있다"고 말했다.

생산성이야 한국이 더 높지만, 대신 인건비가 너무 높아서 한국에서는 사업하기 힘들다는 말이다. 중국은 2001년 WTO체제로 편입되면서 값싼 노동력을 앞세워 저가 상선 및 벌크선 등의 일감을 모조리 빨아들였다. 잘나가던 한국의 조선업계에는 직접적인 타격이었다.

비단 한국만의 문제는 아니다. 한국보다 대만이 더 큰 타격을 입었는데 대만은 1992년도에 1인당 국민소득 1만 달러를 달성했고 우리나라는 그보다 4년 늦은 1996년도에 도달했다. 현재 1인당 국민소득은 대만 2만2천 달러, 한국 2만9천700달러 정도로 한국이 역전한 상황이다.

이런 상황이 발생한 원인은 모두 중국 때문이다. 중국이 잘하는 것은 무엇인가? 생산공장을 지어 저가 물량을 따내는 것인데 이는 중소기업의 영역이다. 대만은 중소기업을 위주로 성장해 왔다. 중국 때문에 일감을 모두 빼앗기게 되었고 한국은 오히려 대기업 위주로 성장해서 중국에 공장을 두고 중국을 발판 삼아 성장했다. 결국 대만은 몰락했고 한국은 성장했다.

그런데 한국의 성장 비결도 중국에 공장을 지어서 세계로 수출했기 때문이다. 그러니 생산공장은 중국으로 넘어갔고 지방에 있던 일자리도 그와 함께 중국으로 옮겨갔다. 이유는 저렴한 인건비, 규제, 세금, 노사환경 등 여러 가지다.

한국은 현재 최장기 흑자 기록을 써가고 있을 만큼 수출이 잘 되고 있다. 그런데도 왜 일자리는 늘어나지 않을까? 인건비가 높은 직종은 철저히 해외로 옮기고 인력이 투입되지 않는 직종은 한국에 남겼기 때문이다. 그것도 자동화하여 사람이 거의 필요 없도록 만들었다. 대표적으로 삼성전자의 평택 반도체 공장을 들 수 있고, 대죽산업단지, 여수산업 단지, 울산산업단지에 퍼져 있는 석유화학 산업단지도 비슷한 경우다.

반도체와 석유화학은 장치산업이다. 공장을 짓는 것은 대규모 설비를 바탕으로 한 반도체 공장이나 석유화학기업이다. 평택에 삼성전자 반도체 공장이 들어오는데 조선이나 자동차보다는 사람을 훨씬 덜 쓴다. 전부 기계로 조립하고 생산하기 때문에 많은 인력이 필요하지 않다.

그나마 예전에는 고졸 여사원이 반도체 공장을 돌아다니면서 반도체 수거라도 했는데 지금은 전자동화가 되어서 반도체 수거도 컨베이어 벨트에 따라 돌고 포장도 모두 기계가 한다. 석유화학단지도 마찬가지다. 대규모 장치가 자동화 되어서 사람 대신 기계가 일을 한다.

결국 지방에는 노동력이 많이 필요한 공장은 지어지지 않고 사람을 대신해 기계가 일을 하는 자동화 된 곳만 들어선다는 말이다.

고용 없는 수출호황

수출 잘되는데도 일자리 안 늘어나는 3가지 이유

①20兆 투자 반도체, 채용은 900명

②저임금 찾아 떠난 해외투자 사상최대

③공장의 로봇 비율, 한국이 세계 1등

수출주도 업종, 고용 효과는 낮아… 현대차 국내 공장 1996년이 끝

삼성 글로벌 고용 3년새 9만명↑ "제조업 일자리 창출 시대는 갔다"

최근 '수출 호황'에 웃음꽃이 피어난 삼성전자 반도체 부문과 SK하이닉스는 이익이 늘자 대규모 투자도 병행하고 있다. 하지만 이런 대규모 투자도 일자리 창출로 이어지지는 못하고 있다. 삼성전자는 작년 반도체 부문에서 약 13조원을 투자했지만 1년 동안 늘어난 반도체 고용 인원은 650명에 불과했다. SK하이닉스도 6조원을 투자했지만 대졸 신입 사원 채용은 250명에 머물렀다. 업계 관계자는 "장치 산업인 반도체 산업에서 고용 창출은 한계가 있다"고 말했다.

현대·기아차는 1996년 아산 공장을 마지막으로 국내 생산 공장 건설을

> 중단했다. 이후 중국·브라질·멕시코 등에 생산 거점을 세웠다. 작년 국내 완성차 5개 사의 국내 생산은 총 422만8509대로 국내 업체의 해외 생산(465만2787대)에 처음으로 추월당했다. 삼성전자는 2000년대 후반부터 베트남에 해외 생산 기지를 건설해 10만명 이상을 고용하고 있다. 삼성전자의 글로벌 고용은 2012년 24만명에서 2015년 33만명으로 느는 추세다. 하지만 국내 고용 인력은 작년 9만3200명으로 전년보다 3700명(3.8%) 줄었다. 3년 연속 감소세다.
>
> 제조업 근로자 1만명당 산업용 로봇 대수는 한국이 531대로 세계 1위를 기록하고 있다. 우리 뒤를 잇는 싱가포르(398대), 일본(305대), 독일(301대)보다 압도적으로 로봇 밀도가 높다.
>
> _2017년 4월 25일자 조선일보

바로 이 세 가지이다. 위의 기사 내용을 토대로 일자리가 늘어나지 않는 3가지 이유를 살펴보자.

①20조 투자 반도체, 채용은 900명

최근 '수출 호황'에 웃음꽃이 피어난 삼성전자 반도체 부문과 SK하이닉스는 이익이 늘자 대규모 투자도 병행하고 있다. 하지만 이런 대규모 투자도 일자리 창출로 이어지지는 못하고 있다. 삼성전자는 작년 반도체 부문에 약 13조 원을 투자했지만 1년 동안 늘어난 반도체 고용 인원은 650명에 불과했다. SK하이닉스도 6조 원을 투자했지만 대졸 신입사원 채용은 250명에 머물렀다. 업계 관계자는 "장치 산업인 반도체 산업에서 고용 창출은 한계가 있다"고 말했다.

즉 삼성전자가 평택에 13조 원을 들여 반도체 공장을 만들었는데도 불구하고 고용은 650명에 그쳤다는 내용이다. 게다가 하이닉스는 250명밖에 되지 않는다. 그러니 평택에 아파트 분양을 받아 봐야 사람이 없어 전세가 나갈지 걱정이 되는 대목이다.

위의 기사 후반부에는 이런 내용도 나온다.

"반도체 업종은 3.6명에 불과하다. 석유화학은 1.9명에 그친다. 우리나라 산업 평균 '취업유발계수'가 12.9명인 것과 비교하면 상당히 낮다."

즉 반도체 업종과 석유화학 업종은 설비투자에는 막대한 자금이 들어가지만, 정작 고용인원은 많지 않다. 결국 국내에 공장을 짓는 산업은 인력이 많이 필요하지 않는 업종이고, 인력이 많이 필요한 공장은 해외로 이전한다. 이익을 추구하는 사업주 입장에서는 어쩌면 당연한 전략일 것이다.

베트남 '삼성맨' 올해 15만명 돌파

지난해 말 기준 삼성 전자계열사들이 베트남에서 고용한 인력은 13만

7000명이다. 작년 매출은 400억달러 수준이었다. 고용 인원은 9.4%, 매출은 25%가량 늘어나는 것이다.

(중략)

이철구 삼성전자 베트남법인 상무는 "삼성전자는 관리직 500명을 현지에서 모집했지만 이 중 50%만 뽑았을 정도로 고급 인력 조달에 어려움을 겪고 있다"며 "가까운 미래에 관리직의 90%를 베트남인으로 채워 현지화를 강화하겠다"고 말했다.

_2017년 5월 9일자 한국경제

삼성전자는 구미의 공장에서 스마트폰 조립공장을 떼어서 베트남으로 옮겼다. 베트남의 고용은 늘지만 한국의 지방은 일자리가 줄어드는 당연한 결과로 귀결된다.

②굵직한 투자는 해외로

현대·기아차는 1996년 아산 공장을 마지막으로 국내 생산 공장 건설을 중단했다. 이후 중국·브라질·멕시코 등에 생산 거점을 세웠다. 작년 국내 완성차 5개 사의 국내 생산은 총 422만8509대로 국내 업체의 해외 생산(465만2787대)에 처음으로 추월당했다. 삼성전자는 2000년대 후반부터 베트남에 해외 생산 기지를 건설해 10만명 이상을 고용하고 있다. 삼성전자의 글로벌 고용은 2012년 24만명에서 2015년 33만명으로 느는 추세다. 하지만 국내 고용 인력은 작년 9만3200명으로 전년보다 3700명(3.8%) 줄었다. 3년 연속 감소세다.

이 내용 역시 사람을 많이 쓰는 공장은 해외로 빠져나가고 있음을 알려주고 있다. 반도체뿐만 아니라 현대·기아차도 예외가 아니다.

③공장 로봇화는 세계 1위

제조업 근로자 1만명당 산업용 로봇 대수는 한국이 531대로 세계 1위를 기록하고 있다. 우리 뒤를 잇는 싱가포르(398대), 일본(305대), 독일(301대)보다 압도적으로 로봇 밀도가 높다.

만약 공장이 반드시 있어야 한다면 최소의 인력만으로 공장이 돌아갈 수 있도록 로봇을 투입한다.

기업이 잘나가는 데도 불구하고 일자리가 늘어나지 않는 이유는, 우리나라가 선진국이 되었기 때문이다. 인건비가 올라갔고 고용에 대한 경직성 때문에 불황기에는 사람을 마음대로 정리해고 할 수 없다. 과거 우리나라의 인건비가 쌀 때와 비교해 기업경영의 탄력성이 현저히 떨어진다. 그러니 해외로 옮길 수밖에 없는 것이 기업의 현실이다. 그렇지 않으면 저렴한 지역에서 만드는 글로벌 기업 제품의 원가경쟁력을 따라갈 수 없다.

대외변수도 무시할 수 없다. 가장 큰 변수는 트럼프가 이끄는 미국이다. 트럼프는 수출 쿼터를 받아들이던지 아니면 관세를 매기면서 미국으로 수출할 제품은 미국에서 공장을 지으라는 리쇼어링 정책을 추구하고 있다. 그래서 이미 삼성전자, LG전자의 세탁기 공장은 미국에서 쓸 제품은 미국에서 전량 만들고 있고, 유정용 강관업체도 2019년부터 대규모 인프라 투자에 참여 하려면 미국에 공장을 지어야 한다.

대미 세탁기부품 무관세 쿼터 소진…앞으로 50% 관세

세이프가드 첫해 120만대를 초과하는 세탁기에 50% 관세를, 세탁기부품은 5만대를 넘는 물량에 50% 관세를 부과하고 있다.

앞서 삼성전자[005930]와 LG전자[066570]는 세이프가드 조사 과정에서 현지공장에 필요한 부품 조달에 차질이 있을 수 있어 부품은 제외해달라고 요청했지만, 트럼프 행정부는 부품 수입도 규제했다.

세이프가드 시행 이후 세탁기 수입은 52만4천408대로 쿼터를 43.70% 소진했다.

삼성전자가 올해 1월부터 미국 사우스캐롤라이나주(州) 뉴베리 카운티 가전공장에서 세탁기를 생산하고 있어 쿼터가 아직 절반 이상 남은 것으로 보인다.

철강은 지난달 28일 기준으로 우리나라가 배정받은 총 쿼터 263만1천12t 중 110만9천227t이 수입된 것으로 세관국경보호국은 추산했다.

올해 1~6월에 총 쿼터의 42.2%를 사용한 셈이다.

쿼터 소진율은 품목별로 차이가 있다.

54개 품목 중 가장 많은 46만868t의 쿼터를 받은 유정용강관(OCTG)은 지난 23일 기준 남은 쿼터가 1만5천470t으로 96.7%를 소진했다

_2018년 7월 29일자 연합뉴스

구조조정 직격탄 맞은 울산, 10년 만에 '소득 1위' 뺏겼다

1인당 개인소득은 서울이 2081만 원으로 1위를 기록했고 울산(2018만 원), 경기(1791만 원) 등이 뒤를 이었다. 울산은 지난해 조선·해운 구조조정으로 실업률이 치솟으면서 10년 만에 개인소득 1위 타이틀을 서울에 내줬다.

_2017년 12월 22일자 한국경제

전국에서 소득 1위를 달리던 울산은 일자리 소멸과 함께 지역총생산이 서울보다 낮아졌다. 울산뿐만이 아니라 다음 기사를 보면 지방의 대표적인 산업도시인 거제도는 아파트 분양에 어려움을 겪고 있다.

집값 하락률 상위 10곳 대부분 산업도시… "한국판 러스트벨트될 판"

거제에 공급된 모든 아파트가 일제히 분양가 이하로 떨어졌다. G사가 공급한 아파트는 한때 1억원이 넘었던 프리미엄이 완전히 사라졌다. 양정동 '거제 아이파크 2단지'도 분양가보다 4000만 원 낮은 매물이 나왔다.

고현동 C공인 관계자는 "하루에 들어오는 '마이너스 프리미엄' 매물로만

노트 한 장이 가득 찬다"며 "계약금을 포기하는 것보다 더 손해를 보는 금액이지만 중도금 이자 부담 등을 감안하면 이렇게 터는 게 낫다고 계약자들이 생각한다"고 말했다.

_2017년 1월 17일자 한국경제

세계의 경제패권을 두고 미국과 중국 간 사활을 건 무역전쟁이 진행되고 있다. 무역전쟁의 원인은 중국이 미국의 턱밑까지 치고 올라왔기 때문이다. 미국은 중국을 견제하기 위해 중국산 제품에 관세를 매기고 있다. 중국이 미국을 넘어 세계 제1의 국가가 되지 못하도록 견제하는 데 그 목적이 있다.

그런데 중국은 약점이 있다. 중국의 성장 배경은 미국 수출에 있었다. 바로 미국이 지배하는 통상체계 안에서 세계에서 2번째로 경제력 규모가 큰 나라가 되었다는 사실이다. 이는 무엇을 의미하는가? 세계 최대 소비국인 미국이 중국의 물품을 사주지 않으면 중국은 속절없이 지는 게임을 할 수밖에 없다.

고래싸움에 새우등 터진다고, 미중 무역전쟁으로 인해 한국도 큰 손실을 입을 것이라는 전망이 많다. 하지만 나는 조금 다른 생각을 갖고 있다. 오히려 우리나라에 호재일 수 있다는 점이다.

전문가들은 우리나라가 중간재를 중국으로 수출해서 먹고사는 국가이므로 만약 중국이 어려워지면 한국도 같이 어려워진다고 얘기한다. 일견 맞는 말이다. 하지만 단기적으로만 맞는 말이다. 왜냐하면 장기적으로 보면 중국과 한국은 제조업이라는 분야가 일치한다. 그러니 결국 중국이 한국의 기술을 탈취하려고 시도할 것이며, 그 기술을 빼앗기느냐 빼앗기지 않느냐에 따라 선진국과 중진국으로 명암이 갈릴 것이다. 이때 미국이 중국을 겨냥함으로써 한국은 반사 이익을 얻는다고 볼 수 있다. 한국은 중국 내수용으로 중간재 수출을 계속하면서, 미국이나 선진국 시장으로는 중간재를 포함한 완성품을 판다. 남의 칼을 빌려 상대를 견제하는 구도가 완성되는 것이다.

이와 같은 시나리오가 가능한 이유는 미국이 한국이나 중국과 달리 소비국가이기 때문이다. 한국의 경제상대는 미국이 아니라 일본이나 중국과 같은 제조업 국가들이다. 제조업으로 성장하는 나라가 많아질수록 글로벌시장에서 한국의 경쟁은 치열해진다. 철저히 가격과 품질로 승부를 걸 수밖에 없는데, 사실상 한국이 단독으로 중국과 경쟁하기에는 버겁기만 하다. 그러므로 중국이 일본처럼 장기불황에 빠진다면 한국의 제조업은 다시 재도약의 기회를 맞는 것이다.

13장.
최악의 시나리오7 _컴팩트 시티가 바꿀 지방부동산의 미래

컴팩트 시티란, 역세권의 초고층 건물일 수도 있고, 지방도시의 경우는 도심의 기능을 축소해서 도심지를 밀집화 시킨다는 의미로도 쓰인다. 이 장에서는 후자의 경우를 살펴보기로 하자.

다음의 그림은 안양의 2030 도시기본계획을 보여주는 계획도이다. 향후 안양의 발전 방향, 즉 마스터플랜이다. 그림을 보면 화살표가 밖으로 향하고 있다. 무엇을 의미하는가? 도시가 더 커진다는 의미다. 도시가 커지려면 인구가 늘어나야 한다. 그런데 우리나라 인구는 2030년을 기점으로 줄어들게 되어 있다. 5000만 명에서 크게 늘어나지 않으며, 줄어들 가능성이 높다.

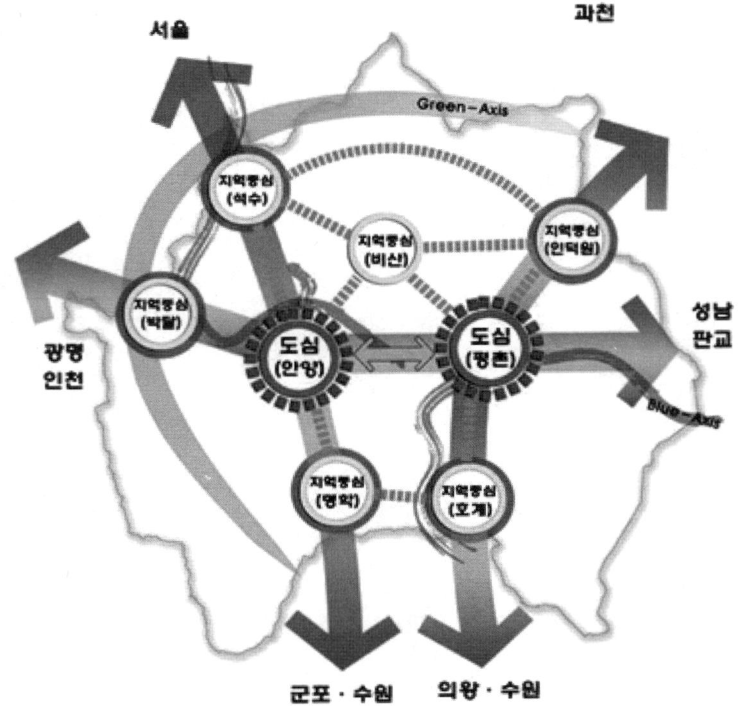

전국에 있는 도시기본계획 2030을 모두 모아 인구를 합쳐보면 무려 6000만 명이 넘는다. 결국 이룰 수 없는 목표라는 것이다. 그런데 주로 땅투자를 하는 사람들은 시에서 발표하는 도시기본계획을 참고로 해서 땅을 매입한다. 그러나 이들의 투자는 성공하지 못할 가능성이 있다. 왜냐하면 인구증가를 기본으로 해서 짜 놓은 계획이기 때문이다.

일본·독일은 도시 몸집 줄이는 '콤팩트 시티' 박차

일본 정부는 이른바 '콤팩트 시티(compact city)' 조성에 힘을 쏟고 있다. 직장을 포함, 주거·상업·의료·복지 등 도시 필수 기능을 한곳에 모으는 것. 인구가 갈수록 줄면서 도시 외곽은 빈집이 속출하는데, 주거지마저 도심·외곽에 흩어져 있으면 거점마다 의료·교육·교통 시설을 만들어야 하고, 이에 따른 조성·운영 비용이 커지기 때문이다.

도야마(富山)현 도야마시는 2005년 기준 도심 밀집도가 일본 현청 소재지 중 최저(最低)였다. 인구는 2010년(42만2000명)을 정점으로 2045년에는 23% 줄어들 것이라고 추정된 상태. 그러자 시 정부는 2006년부터 도시 정비 기본 방침을 바꿔 학교·병원·관공서 등 주요 시설을 시 중심에 재배치했다. 공공시설 주변은 거주지로 재개발, 도심 인구 밀집도를 높였다. 이동수단으로 트램(노면 전차)을 설치했고, 다목적 광장과 로컬 푸드 매장도 만들었다. 도야마시 도심지 인구 비율은 2005년 28%에서 2014년 32%로 증가했다.

_2017년 1월 10일자 조선일보

일본의 도야마현이라는 곳은 도쿄 인근에 있는 도시다. 이곳도 인구가 줄어들어 도시기본계획을 짜고 있다. 다만 우리와는 반대로 도심지 축소를 목표로 하는 콤팩트 시티가 목표다. 도야마현은 노인의 비율이 압도적으로 많은 반면 생산가능인구인 청장년층은 도쿄로 떠나면서 도시 기능에 문제가 생겼다. 가장 두드러지게 발생한 문제는 출퇴근 인구가 없다는 점이다. 일부 노인 중에도 출퇴근을 하면서 일을 하는 사람도 있지만 집에서 소일하는 사람들이 많다. 그렇기 때문에 출퇴근을 하는 데 필요한 경전철의 비용이 시의 예산으로는 부담이 된다. 그래서 도야마현은 주요 관공서를 도심지 내로 밀집시키고 경전철을 끊어 버렸다.

경전철이 없으면 도심지 외곽에 사는 사람들은 어떻게 되는가? 교통에 불편을 느낄 것이고 부동산 가격도 하락하게 되어 있다.

'1조 빚' 싣고 달리는 광역지하철

5일 행정안전부가 발표한 지난해 399개 '지방공기업 결산내역'에 따르면 서울·부산·인천교통공사, 대구·광주·대전도시철도공사 등 6개 도시철도 운영기관 당기순손실이 9060억원으로 집계됐다. 이는 한 해 전 8420억원보다 7.1% 늘어난 규모다. 영업손실은 14.6% 급증한 1조2323억원으로 1조원을 훌쩍 넘어섰다. _2018년 7월 5일자 한국경제

우리나라 상황도 일본과 크게 다르지 않다. 우리나라 경전철은 흑자구조가 아니다. 지금이 생산가능인구의 절정기인데도 불구하고 말이다. 앞으로 베이비붐세대가 완전히 은퇴하는 10년 후가 된다면 경전철은 돈 먹는 하마가 될 것이다.

결국 지방은 점점 축소될 것이고 그로 인해 지방의 주변부부터 소멸할 것이다.

14장.
최악의 시나리오8 _지방의 3박자 딜레마 그리고 10년 후

지방은 3박자 딜레마에 빠진다. 무슨 트로트 가수 노래제목 같지만 사실이다. 3박자란 지역 건설업체, 지역의 세입자, 지역 정치인을 말한다. 이들이 어떻게 뭉쳐서 지방의 오래 된 집을 공실로 만드는지 보자.

지역 건설사

지역 건설사란 의미 그대로 주로 지역에 주택을 건설하는 건설업체를 말한다. 이들은 집을 짓지 않으면 망한다. 그래서 끊임없이 주택을 짓는다. 그래야 고용도 유지되고 회사도 존립한다. 주택보급률이 이미 130%에 가까운 일본도 지금 새 주택을 계속해서 짓고 있다.

지역 건설사가 계속해서 집을 지을 수 있는 이유는 우선 팔리기 때문이다. 제아무리 우량한 기업이라고 하더라도 지은 집이 분양되지 않으면 집을 지을 수 없다. 그러니 새집은 계속해서 늘어나는 구조다.

분명 집이 모자라지 않는데 왜 계속해서 집이 팔릴까? 사람들이 끊임없이 새집을 염원하기 때문이다. 새집은 새로운 평면, 새로운 설계, 구조 등을 가지고 있다. 소비자의 마음이 끌리지 않을 수 없다. 누구나 새 물건을 좋아한다. 아파트도 마찬가지다.

그러니 새로운 아파트는 이미 포화상태인 곳에서도 계속해서 지을 수밖에 없다. 지역 건설사가 그렇다고 놀 수는 없지 않은가?

게다가 새 아파트를 짓는 신도시 분양이 아주 잘 된다. 지역민이 좋아한다. 구도심 아파트보다는 빈 땅에 아파트를 올리는 것이 건설사로서도 이익이다. 모든 개발이익을 건설사 혼자 독차지 할 수 있기 때문이다.

반면 구도심 재개발은 건설사 입장에서도 구미에 당기지 않는다. 조합원을 조율해야 하고 조합원과 이익을 공유해야 하기 때문이다.

건설불황기에는 재개발과 같은 분양형태를 가져가기도 하지만, 분양이 잘 된다는 보장만 있다면 건설사로서는 굳이 재개발 재건축을 할 필요가 없다. 신도시에 분양하는 것이 건설사에게 가장 큰 이익이다.

지역 세입자의 입장

이들의 마음은 이왕 전, 월세 사는데 어차피 헌 아파트보다는 새 아파트에 산다는 입장이다. 새 아파트를 가장 좋아하는 층이 아닐까 한다.

구도심 언덕배기를 싫어하고, 평평한 땅에 현대적으로 지은 아파트에 들어가고 싶어 한다.

김포 한강신도시를 보라. 끊임없이 아파트를 짓고, 끊임없이 공급이 이뤄지지만, 새 아파트만 지어지면 이곳으로 이사 가려는 전, 월세 수요가 대단하다. 어차피 전, 월세가격도 비슷하니 이왕이면 새 아파트로 들어가겠다는 심산이다.

그래서 새 아파트를 분양하면 전, 월세 수요는 얼마든지 있다. 그리고 이들은 지역에 연고가 있고 직장이 있는 지역민이기 때문에 지역을 떠나 서울로 가지 않는다. 다만 출퇴근이 가능한 지역에 새 아파트가 생기면 인근에서 인근으로 옮겨 다닌다..

지역 정치인의 입장

지역 정치인들의 외침은 한결같다.

"젊은이를 빼앗아 오자. 바로 옆 도시에서…"

정치인의 머릿속은, 지방은 노령화가 심각하니 규제를 풀어서 신규주택을 건설해야 지역이 활성화 된다는 생각으로 가득하다. 정치인은 아무래도 그 지역의 대표이다 보니 자신의 지역에 활력이 넘치는 도시를 만들고 싶어 한다.

그러나 현실은 그들의 이상을 빗나간다. 노령화가 심각하여 도시의 활력이 떨어진다. 그래서 이들은 이런 결론을 내린다.

'우리 지역이 이처럼 쇠퇴한 이유는 신도시 건설이 안 되었기 때문이다.'

새집과 새 상권이 생겨 젊은이들로 북적거려야 하는데, 건물은 낡았고 상권도 오래 되었다. 그러니 빨리 새로운 집과 새 상권이 생겨서 젊은이들이 열광하는 활력 있는 도시가 되어야 한다. 그래서 지역 건설업체에게 개발을 하도록 독려한다.

이처럼 세 주체의 이해관계가 딱 맞아 떨어진다. 이 3박자의 화음으로 지역은 난개발에 시달린다.

3박자에서 소외된 사람들이 있다. 바로 집주인이다. 새집을 분양 받은 집주인 말고 조금 오래된 혹은 아주 오래된 집을 보유한 집주인이다. 이들이 보유한 집은 위치가 특별히 좋지 않다면 2년 후면 헌 집으로 전락한다. 이어서 공실을 달고 살며 세입자에게 온갖 애걸복걸을 하면서 제발 들어와 달라고 통사정을 해야 한다.

물론 지금 부동산은 단군 이래 최대 호황기에 접어들었기 때문에 당장 이런 일이 일어나지는 않는다. 그러나 10년만 지나더라도 베이비붐 세대는 70대로 접어들고 그때도 신도시들은 계속 지어질 것이며 난개발도 계속될 것이다. 그래서 2년만 지나더라도 헌 집이 될 수밖에 없다.

'입주 폭탄' 파주·화성·용인·남양주… 전세 물량 1억원 안팎 '바겐세일'

수도권 곳곳의 전셋값이 뚝뚝 떨어지고 있다. 올여름 대거 입주가 몰리는 영향 때문이다. 전용면적 84㎡를 기준으로 새 아파트 전세가격이 1억원을 밑도는 곳도 속속 나오고 있다. 집주인들은 울상이지만 전세 난민들에겐 놓칠 수 없는 기회다.

올해를 기점으로 막바지 입주에 접어드는 화성 동탄2신도시에서도 전세 가격이 1억원대인 새 아파트가 쏟아지고 있다. 7월 집들이를 앞둔 '반도유보라아이비파크10.0' 전용 84㎡ 전세가는 최근 2억원 아래로 내려왔다. 현지 K공인 관계자는 "융자 없는 물건이 1억7000만 원까지 나와 있다"며 "전용 59㎡도 한 달 새 2000만~3000만 원 떨어져 1억4000만 원 선까지 밀렸다"고 전했다. 인근에서 올해 초 입주한 '동탄자이파밀리에' 같은 면적 주택형은 지난달까지만 해도 1억7000만 원에 전세 계약이 이뤄졌지만 이달 들어선 1억5000만 원짜리 전세 물건이 나오고 있다.

_2018년 6월 19일자 한국경제

당분간은 도시가 활성화 되겠지만 10년만 지나도 수도권과 지방에서는 세입자들을 찾는 집주인의 수고가 고단해질 것이다.

15장.
최악의 시나리오9 _대기업 본사 서울 집결

'삼밭'이던 마곡, 20년만에 대기업 'R&D 허브'로

서울 지하철 5호선 마곡역에서 마곡중앙로를 따라 5분 정도 걷다 보면 72만9785㎡ 규모의 거대한 마곡산업단지가 나온다. 축구장 100개를 합친 크기의 부지 면적에 롯데, 코오롱, 에쓰오일, 넥센 등 국내 46개 대기업이 이미 입주를 마쳤다. 입주 계약을 한 기업까지 포함하면 총 136곳에 달한다.

서울시는 여기에 더해 국내 1000여 개 중소 혁신기업을 끌어들일 계획이다. 1990년대 말까지 삼(麻)을 주로 키우던 서울 변두리의 농촌이 20년 만에 첨단 연구개발(R&D) 기업이 즐비한 '한국의 실리콘밸리'로 거듭난 것이다.

_2018년 4월 20일자 한국경제

서울은 좋으나 지방은 안 좋은 경우에 해당한다. 마곡은 강서구라서 그리 인기 있는 지역이 아니었다. 그러나 마곡지구가 생기면서 아파트 가격도 오르고 인기지역으로 바뀌고 있다. 본문에 나오는 기업들만 하더라도 쟁쟁한 대기업들이 많으며 그들은 전, 월세 수요와 함께 매매수요도 상승시킨다. 어차피 오래도록 직장과 자택을 오고 가려면 회사 근처에 집이 있는 것이 좋다.

대기업 본사들이 집결하는 곳이 바로 서울이다. 삼성동 현대차 부지, 상암동 DMC센터, 잠실롯데 제2롯데월드 등 초고층 건물들이 생기면서 기업들의 본사로 바뀌고 있다.

현대차그룹 GBC에 30개 계열사 1만3000명 집결한다

2021년 GBC가 준공되면 서울에 본사를 뒀거나 서울사무소를 운영 중인 계열사 중 건설과 금융 부문을 제외한 30여개사가 입주하게 된다. 현대차, 기아차, 현대모비스, 현대글로비스, 현대제철 등으로 전체 근무 인력은 1만 3000여명에 달한다.

_2016년 2월 18일자 아시아경제

대기업 본사가 해당 지역에 들어오면 집값은 올라갈 가능성이 높다. 유동인구가 늘어나고 집을 구하는 소비층도 두터워지기 때문이다.

왜 이렇게 도시로만 대기업 본사가 몰리고 특히 R&D센터가 들어서는가? 앞서도 젊은 층의 욕망을 예로 들면서 설명한 바 있지만, 여기서는 조금 다른 이유를 설명하고자 한다.

제조업은 옮기기가 쉽다. 머리가 없기 때문이다. 본사나 R&D센터에 비해 머리 쓸 일이 적은 공장은 해외로 옮기기 쉽다는 뜻이다.

기업 입장에서, 공장은 머리보다 몸을 쓰는 저임금의 생산직 노동자와 그마저 대체하는 로봇으로 돌리면 된다. 공장은 그대로 뜯어서 해외로 옮기면 된다. 해외로 가는 공장의 조건은 무엇인가? 싼 전기세, 싼 인건비, 싼 법인세, 싼 이자 등이다.

개발도상국에서 싼 전기세와 싼 법인세와 싼 이자, 싼 토지임대료, 싼 인건비 등으로 글로벌 기업을 꼬시면 글로벌 기업이 안 갈 이유가 없다.

제조업 공장은 자동화 되고 있다. 자동화된 로봇이 사람의 일을 대신한다. 이곳에서 일하는 생산직 노동자도 노동의 강도가 심하지 않다. 왜냐하면 힘 쓸 일이 없고 대부분은 기계가 일하기 때문이다.

이제 제조업 공장은 잔업에 시달리거나 찰리 채플린의 영화 〈모던타임스〉에서처럼 나사나 조이는 단순 작업은 거의 사라졌다. 대신 기계를 감시하는 일이 대부분이다. 앞으로도 공장은 더 무인화 될 것이고 무인화는 사람을 전혀 안 쓰는 경지까지 도달할 것이다.

사람을 쓰지 않는데, 굳이 생산 공장이 도시에 있을 필요가 있을까? 그러니 전기 값이 싼 지역으로 옮길 수 있다. 심지어 사막 한 가운데도 가능하다. 태양광 발전을 하는 데 가장 좋은 곳이 사막이기 때문이다. 사막에서 태양광으로 전기에너지를 일으켜 기계를 돌리고, 물건을 찍어 내면 가격은 거의 원가에 가까워질 것이다.

아무리 사막이라도 가까운 곳에 항구는 있어야 한다. 원료를 가져와야 하고, 물품을 배에 실어 해외 어디든 보내야 하니 말이다. 사람이 필요 없는 공장이 현실화 된다면, 정말로 사막 한 가운데 생산공장이 들어설지도 모른다.

반대로 옮기지 못하는 것은 무엇인가?

머리를 쓰는 일들이다. 연구개발(R&D), 디자인, 상품개발, 시장조사 등이 여기에 해당한다. 머리를 쓰는 일은 서울과 같은 대도시에서 잘 한다.

왜 서울과 같은 대도시일까? 대도시는 특히 대졸자의 비율이 높다. 한때 한국은 대학진학률이 70%를 넘은 적이 있다. 다른 나라를 압도하는 수준이다. 물론 다른 나라들도 대도시인 뉴욕, LA, 캘리포니아, 도쿄, 파리, 런던 등은 높은 학력을 가진 사람들이 많다. 이들은 기본적으로 머리 쓰는 일에 종사한다.

여기에서 아이러니한 일이 일어난다. 머리를 쓰는 이들은 육체노동에 시달린다. 오히려 육제노동에 시달려야 할 생산직 노동자는 자동화로 인해 자신의 일거리가 줄어드는 데 비해, 펜대만 굴리면 될 것 같은 지식노동자는 힘든 육체노동에 시달린다. 왜냐하면 프로그래머가 기계에 들어갈 인공지능을 짤 때 인공지능이 도와주지 못하기 때문이다.

프로그래머는 자동화를 시킬 AI를 만든다. AI가 작동하는 시기는 프로그래머가 세팅을 마친 이후다. 따라서 프로그래머는 AI의 도움을 받을 수 없고, 자신은 극도의 육체노동에 시달려야 한다.

4차 산업혁명의 바람이 불어오면서, 도와줄 사람(AI)이 없는 지식노동자는 오히려 과로에 시달리기 일쑤다. 예를 들면 게임을 만드는 프로그래머는 제품 출시 한 달 전부터 야근을 해야 한다. 그런데 아이러니하게도 이렇게 자동화가 안 되니 지식노동자는 더 많이 구할 수밖에 없다. 현재 AI 전공자의 인기는 하늘을 찌른다.

사람들은 대도시로 계속해서 몰려들고, 이런 지식노동자이 쓰는 돈으로 인해 살아가는 사람들이 많아진다. 세탁소 직원, 변호사, 미용실 주인, 마트 직원 등 말이다.

결론은 대도시는 더 번창하며 더욱 더 커질 것이고, 선진국의 지방은 몰락이 더 가속화 될 것이며, 완벽한 인공지능에 의한 공장 가동이 가능해진다면 사막의 항구가 생산공장이 될 날도 머지않았다.

16장.
최상의 시나리오 1_ 외국인이 불러올 대한민국 부동산 폭등

지금까지 최악의 시나리오를 살펴보았다. 집을 가진 사람에게도, 사려는 사람에게도 모두 도움이 되리라 생각한다. 또한 최악의 시나리오를 통해 최선의 길이 무엇인지도 깨달았으리라 생각한다. **어두운 곳이 생기는 만큼 밝은 곳도 생긴다는 사실을 잊지 말았으면 한다.** 물론 그 밝은 곳은 서민들이 도달하기에 벅찬 것도 사실이다. 그럼에도 불구하고 현실은 바뀌지 않으며, 노력하여 쟁취하는 방법밖에 없다. **헛된 기대로 어두운 곳에 발을 들여놓지 않아야 하며, 이미 발을 담근 상태라면 빠져나올 궁리를 해야 한다.**

최악의 시나리오는 이미 정해진 미래다. 머지않아 현실이 된다. 앞서 10년을 강조했다. 10년이면 강산도 변한다지만, 사실 알고 보면 10년은 결코 길지 않다. 아직도 기억에 생생한 911테러로부터 우리는 20년 가까이 살아왔고, 서브프라임 모기지가 발생한 지도 벌써 10년이 넘었다. 아직도 흔적이 곳곳에 남아 있는 IMF가 우리를 휩쓸고 지나간 건 20년이 훌쩍 넘은 과거의 일이다. 현실에 몰두하다 보면 10년 후가 어느새 코앞에 다가와 있으리라 생각한다.

최악의 시나리오를 뒤로하고 이젠 최상의 시나리오를 살펴보자.

부동산을 바라보는 시각을 해외로 돌리면 전혀 예상하지 못했던 일들에 놀라기 쉽다. 세계 주요도시의 부동산 가격은 상상을 초월하는 경우도 많다. **일본은 최악의 상황에 놓여 있지만, 그 밖의 영국, 호주, 캐나다, 미국 등은 모두 상승하고 있다.** 왜 이런 일이 일어나고 있을까?

〈이코노미스트 주요선진국 주택지표〉

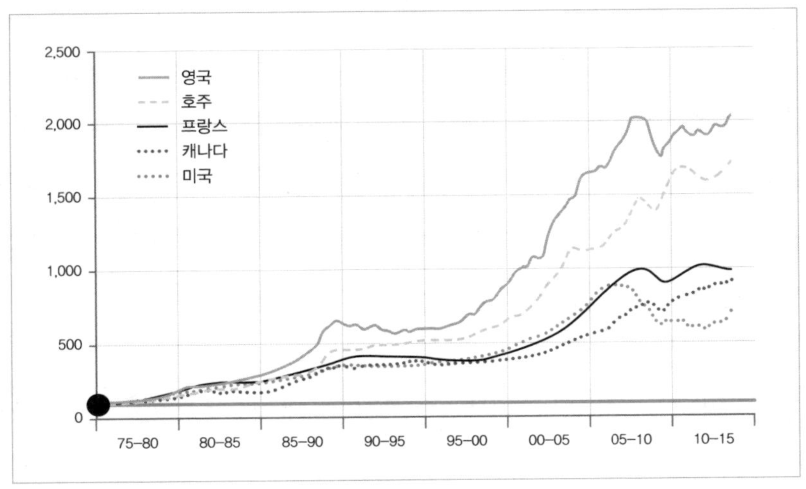

출처: http://www.economist.com/blogs/dailychart/2011/11/global-house-prices

원인은 여러 가지지만, **가장 유력한 이유는 외국인의 부동산 구매 때문이다.** 이들 외국인은 세계 최고의 부동산을 찾아 헤맨다. 영국, 미국 등의 부동산 가격을 올려놓은 이 외국인들은 누구인가? 바로 정치가 불안한 나라 사람들이다. 정권이 바뀌거나, 잡고 있는 권력에서 물러나면 언제라도 숙청을 당할 수 있는 독재국가들이다. 대표적으로 러시아와 중국이다. 이들 나라의 정치, 경제인들이 앞서 말한 대표적인 외국인들이다.

이들은 왜 부를 해외로 빼 돌릴까?

세계는 자본주의와 공산주의라는 두 진영으로 나뉘어 있다. 공산주의는 다른 말로 관료적 국가 자본주의라고 볼 수 있다. 관료적 국가 자본주의에서 공산주의 혁명이 성공하면 모든 생산수단(토지, 공장 등)은 국가가 압류하여 독점하게 된다. 그러면 국가가 하나의 자본가가 되는 것이다.

그리고 1당 독재를 하는 공산당의 특성상 공산당이 자본가의 역할을 대신한다. 그래서 공산당은 공장을 돌려 물건을 생산하게 만든다. 이 과정에서 프롤레타리아를 착취하는 일이 발생한다.

물건을 생산하여 프롤레타리아 계급에게 배급을 하고 나면, 나머지는 이윤이다. 그런데 공산당은 이윤을 전부 돌려주지 않는다. 왜냐하면 이윤을 모두 프롤레타리아에게 돌려주면 이후 공장을 돌릴 수 없다. 이윤으로 다시 원재료를 사서 물건을 만들 수 없기 때문이다. 그래서 확대재생산을 하려면 반드시 일정 부분은 프롤레타리아에게 착취를 하는 구조가 발생할 수밖에 없다.

그래서 공산주의는 체계적인 착취를 하는 시스템을 말한다. 그런데 그 착취율이란 것이 1950년대, 60년대 소련과 미국을 비교해 보면 소련이 미국보다 3배가 높다. 공산주의는 공산당이란 조직이 일률적으로 계획하여 생산하기 때문에 민간이 이윤추구를 위해 생산하는 것에 비해 훨씬 더 비효율이 발생할 수밖에 없기 때문이다. 그래서 공산주의 혁명이란 소수의 공산당이 마음껏 프롤레타리아를 착취하고 치부할 수 있는 시스템으로의 변화이다. 결국 공산당 간부들은 엄청난 재산을 축적하게 된다.

공산주의에서 반드시 일어나는 일이 있다. 정권이 바뀌면 매서운 사정과 숙청이라는 후폭풍이 일어난다.

시진핑 軍숙청 2단계… 장성·領官 자살행진

전직 최고위 장성 3명 체포 후 해군 돈줄 관리하던 대령 등 8월에만 3명 스스로 목숨 끊어

軍부패 청산 명분 내세우지만 본질은 장쩌민 인맥 뿌리뽑기

이들은 모두 장쩌민 인맥이다. 랴오시룽과 리지나이도 장쩌민이 발탁한 인물이다.

_2016년 8월 23일자 조선일보

당신이 공산당 간부라고 가정해 보라. 만약 현주석이 재집권에 성공

하지 못하면 어떤 일이 일어나는가? 정권이 바뀌면서 현재 주석의 인맥들은 숙청을 당한다. 한순간에 휩쓸려나가는 것이다. 그래서 그 때를 대비해 미리 해외에 자산을 빼돌리는 것이다.

"시진핑 매형 등 중국 고위층 4272조원 국외 은닉"

시진핑 국가주석과 원자바오 전 총리 등 중국 최고위층의 친인척들이 대거 국외 조세회피처에 서류상에만 존재하는 '페이퍼컴퍼니'를 세워 운용하는 방법으로 천문학적인 재산을 은닉한 것으로 드러났다. 친인척들의 재산 은닉과 탈세 의혹이 불거지면서, 최근 '부패 척결'을 부쩍 강조해온 중국 지도부의 도덕성과 권위에 흠집이 날 것으로 보인다.

국제탐사보도언론인협회(ICIJ · 탐사보도협회)는 22일 누리집(홈페이지)에 "조세회피처에 페이퍼컴퍼니를 설립해주는 대행사들의 내부 고객 정보를 입수해 6개월 동안 영국령 버진아일랜드 등 조세회피처에 유령회사를 설립한 중국인 3만7000여명의 자료를 분석한 결과, 시진핑 주석의 매형과 원자바오 전 총리의 아들과 사위, 후진타오 전 주석의 조카, 리펑 전 총리의 딸, 덩샤오핑의 사위 등 중국 전·현직 최고위층의 친인척들이 조세회피처에 무더기로 페이퍼컴퍼니를 만든 것으로 확인됐다"고 밝혔다. 페이퍼컴퍼니는 법인세 등 세금을 피하려고 조세회피처에 세우는 서류상의 회사다.

시 주석의 큰누나인 치차오차오의 남편인 덩자구이는 시 주석이 정치국 상무위원이던 2008년 3월 버진아일랜드에 '엑설런스 에포트 부동산'이라는 페이퍼컴퍼니를 만들었다. 부동산, 자원 개발 사업가인 덩은 이 회사 지분의 50%를 갖는 대표다. 원자바오 전 총리의 아들 원윈쑹과 딸 원루춘의 남편인 류춘항도 원 전 총리 재임 시절인 2004년과 2006년 버진아일랜드에 각각 '트렌드 골드 컨설턴트'와 '풀마크 컨설턴트'란 페이퍼컴퍼니를 세워 대주주를 맡았다. 후진타오 전 주석의 조카 후이스와 리펑 전 총리의 딸 리샤오린, 덩샤오핑의 사위 우젠창 등도 같은 곳에 페이퍼컴퍼니를 세운 것으로 밝혀졌다.

탐사보도협회는 "이런 페이퍼컴퍼니들을 통해 2000년부터 1조~4조달러(약 1068조~4272조원)에 이르는 자산이 중국에서 세금 추징 없이 빼돌려졌을 것"이라고 지적했다. 협회는 "추가 보도가 이어질 것"이라고 밝혀 파장이 예상된다. 중국 정부의 반응에선 당혹감이 드러난다. 친강 외교부 대변인은 "그들(ICIJ)의 논리가 납득하기 어려워 배후의 의도를 의심할 수밖에 없다. 맑은 것은 스스로 맑고 탁한 것은 스스로 탁하다"고 말했다. 〈신화통신〉이나 〈인민일보〉 등 관영 언론들은 이 소식을 일절 보도하지 않았다.

탐사보도협회는 국제 범죄와 부패, 권력 감시 등을 목적으로 1997년 설립된 비영리 국제탐사보도 기구다. 지난해에는 전두환 전 대통령의 장남 전재국씨가 버진아일랜드에 유령회사를 설립한 사실을 밝히기도 했다.

_2014년 1월 22일자 한겨레

기사를 보면 빼돌린 금액이 무려 4272조원이다. 정말 입이 다물어지지 않는, 그 금액의 크기를 상상하기도 어려운 수치다. 아무리 탐사보도라

하지만 어떻게 이처럼 자세한 기사가 나올 수 있을까? 빼돌린 과정과 금액을 세세히 밝히고 있다. 그 이유는 바로 현금을 빼돌렸기 때문이다.

현금을 해외로 빼돌릴 때 주로 사용하는 통로는 조세 피난처다. 중국 등 전체주의 국가뿐 아니라 영국, 미국, 프랑스 등 자본주의 국가에서도 이곳을 이용한다. 그리고 영국, 미국 등의 세무당국이 이러한 조세 피난처의 계좌를 압수수색 하는 과정에서 예상치 못한 검은 돈이 발견되는 것이다.

일련의 사건들을 겪으면서 현금은 위험하다는 사실을 알게 되었다. 그리고 안전한 방법을 모색한다. **안전한 방법이란 무엇인가? 바로 부동산이다. 왜냐하면 부동산은 실명제가 아니고 개별적인 계약에 의해 이뤄지기 때문이다.**

뉴욕 압도하는 런던 금융시장 '브렉시트 쇼크'에도 자신감 넘쳐

브렉시트 1주일째. 런던 부동산 시장은 공포 그 자체였다. 시내 주요 로펌마다 국제 부동산 계약이 여러 건씩 신속하게 취소됐다. 지난 6, 7일에는 3개의 부동산 펀드가 환매를 중단하는 자멸적 조치를 내리기도 했다.

단기 환매를 허용한 구조에도 문제가 있었다. 그러나 너무 오른 뒤끝이었다. 먼저 숨을 고를 시간부터 갖는 것이 좋다. 런던의 최고 거주지는 메이페어다. 그러나 거래가 없다. 그래서 가격도 쿼트되지 않는다. 다음이 켄싱턴이다. 켄싱턴의 2베드(침실 두 개) 아파트 최고가는 놀랍게도 150억원이다. 3베드는 며칠 전까지만 해도 300억원이었다. 믿을 수가 없다. 서울 강남 아파트는 '껌값'이다. 그러나 며칠째 호가조차 사라졌다. 밤에는 당연히 불 꺼진 집이 많았다. 집주인은 영국이 아니라 각자의 나라에 살고 있었던 것이다.

_2016년 7월 11일자 한국경제

영국 런던의 최고 거주지인 메이페어의 아파트는 무려 2베드가 150억 원, 3 베드가 300억 원이란다. 믿기 어려운 가격이다. 우리는 강남의 아파트만 봐도 입이 떡 벌어지고, '세상에 저렇게 비싼 곳이 또 있을까' 하고 생각하지만, 이곳에 비하면 강남은 껌값이다.

그런데 이 비싼 곳에 사람이 살지 않는다. 그냥 공실로 방치한다. 월세로 세를 놓지도 않는다. 월세를 받으면 무엇을 써야 하는가? 바로 계약서를 써야 한다. 그런 와중에 집주인의 신분이 노출된다.

게다가 얼마의 월세를 받아야 하는가? 300억 짜리 주택을 말이다. 1000만 원쯤 받으면 되는가? 큰 금액이지만 이들에게는 신분노출이 더 중요한 문제다. 그래서 공실로 놔두고 관리인을 두어 관리하도록 한다.

그래서 런던은 가장 비싼 동네부터 빈집이 늘어가고, 정작 그곳에 살아야 할 사람들은 도시 외곽으로 밀려나게 된다. 월세가 너무 비싸기 때문에 서민 입장에서는 감당이 되지 않는다. 아니 서민이 아니라 돈이 좀 있는 사람도 버티기 어려운 수준이다.

한국도 이러한 일이 서서히 벌어지고 있다. 중국의 검은 돈이 몰려오고 있는 것이다.

中 부동산 쇼핑, 제주 찍고 서울로… 강남도 '야금야금' – "청담동 20억 빌라, 현찰로 사겠다"

중소형 빌딩 중개 업체의 김모 대표는 지난 3월 중국인의 문의를 받고 혀를 내둘렀다. 한족인 중국인은 서울 강남구 청담동의 전용면적 200㎡, 시가 20억원짜리 고급 빌라를 현찰로 사고 싶다는 의향을 밝힌 것이다. 김씨는 "난생처음 20억원을 현금으로 거래하려니 걱정이 돼 중국인에게 은행 CCTV 앞에서 세어보고 거래하자고 했더니 상대방이 거절해 무산됐다"면서 "서울의 최고급 주택을 노리는 중국인들의 문의가 작년부터 점차 많아지는 것 같다"고 했다.

_2016년 10월 13일자 조선일보

[판 포커스] 강남·한남동 등 서울 알짜 부동산 중국자본 공세

S 공인중개업소 관계자

"한남 더힐 있죠? 70평짜리를 80억을 받아요. 대한민국에서 제일 비싼 부지가 됐어요. (중국인이 사나요?) 사죠. 일단 안가리고 사요. 제주도 땅 사듯이…"

_2016년 9월 15일자 TV조선

17장.
최상의 시나리오2 _남북통일이 부동산 시장에 태풍을 일으킨다

한국 돈과 북한 돈

짐 로저스라는 미국 투자자가 있다. 조지 소로스와 퀀텀펀드를 만들어 큰돈을 번 그는 젊은 나이에 은퇴하여 스포츠카로 애인과 함께 세계일주를 즐기기도 했다. 그런 사람이 북한에 전 재산을 투자하고 싶다고 말했다. 그는 싱가포르에 머물면서 북한 돈을 수집하고 있다. 싱가포르 선물시장에서 15%의 가격에 거래되는 북한 국채도 매입한다고 한다. 북한 정권에서 갚지도 않고 갚을 생각도 없는 국채를 사 모으는 이유가 궁금하지 않을 수 없다. 왜일까?

통일이 되면 남한이 갚아줄 것이라는 기대 때문이다. 북한의 적화통일은 이미 어림없는 일이고, 통일이 된다면 남한에 의한 흡수통일 형식이 될 텐데, 남한 정부는 북한 정부를 흡수하면서 경제적인 빚도 같이 흡수하게 된다. 북한 국채를 갚지 않겠다고 선언하면 아마도 남한 정부의 해외재산은 몰수 또는 압류될 테고 국제적인 고립도 감수해야 한다. **그러니 통일이 되면 북한 국채를 남한이 갚아야 한다. 그래서 북한이 망할 조짐이 보이면 오히려 북한 국채가 오르는 기현상이 일어난다.**

통일이 되면 북한 돈을 어떻게 할지 고민해야 한다. 남한 돈과 북한 돈을 일대일로 바꿔주는 것은 현재 통화가치를 보면 말이 되지 않는다. 우리나라의 돈은 달러당 1100원~1200원 정도에서 움직이는 반면 북한 돈은 공식 환율로는 달러당 96원이다. 남한 돈보다 10배 비싸다. 그러나 북한의 장마당(북한의 시장)에서의 거래가격은 8000원에 가깝다. 환율로는 10배 정도 북한 돈이 비싸야 하지만 시장에서 통용되는 것은 8배 싸게 거래된다. 북한 사람들은 저축할 때 인플레이션이 심한 나라들처럼 달러나 위안화로 저축한다. 외국 돈으로 저축해야 돈의 가치가 떨어지지 않기 때문이다. 북한 돈의 가치가 꾸준히 떨어지는 만큼 북한 사람들도 자국 돈을 돈으로 취급하지 않는다.

그러나 통일이 되면 북한 돈을 얼마나 많이 확보하느냐가 돈을 벌 수 있는 길이 될 것이다. 독일의 경우 통일 후 '경제, 통화 및 사회통합 협약'으로 서독의 서독마르크화가 공동 통화로 인정되었다. 한국의 경우에도 남한 돈이 공동 통화가 될 가능성이 높다. 게다가 동독마르크화가 1989년 당시 은행에서는 1:4~1:8 정도로 교환되었는데 실제 암시장에서는 1:30의 환율로 교환되었다. 우리나라의 1:8보다도 훨씬 심한 경우다.

그런데 통일 후 동독의 요청과 정치권의 호응으로 결국 1:1~1:2의 환율로 교환되었다. 동독마르크가 갑자기 엄청나게 오른 것이다. 왜 이런 일이 발생했을까? 바로 동독 주민의 투표권 때문이다. 공산주의 치하에 있었던 그들의 사유재산이라고는 동독마르크화와 집, 가전제품뿐이었다. 그런데 갑자기 통일이 되고 서독 사람들과 유대인이 넘어와 원래 분단 전에 자기가 이 집을 소유하고 있었다며 소송을 거니 자칫 길바닥에 나앉을 수밖에 없었다. 그렇다면 그들의 재산은 동독마르크화밖에 남지 않는다. 이것을 30배 싸게 서독마르크화로 바꿔준다고 하면 동독 주민의 폭동은 불 보듯 뻔하고, 그것을 주도한 정치세력은 동독 주민에게 한 표도 받을 수 없을 것이다. 전략적인 선택이다.

통일 후 북한 주민이라고 동독과 크게 다르지 않을 것이다. 그들도 가진 것이라고는 북한 돈이 전부인데 8배 싸게 바꿔준다고 하면 그것을 주도한 정치세력은 끝장날 게 틀림없다. 현재 북한 주민들은 북한 돈을 돈으로 보지 않는다. 경제관념이 약한 북한 주민 중 북한 돈을 확보해야 한다고 생각하는 사람은 소수일 것이다. 그러니 통일이 되면 북한에 사는 친인척을 통해서 북한 돈을 모아야 한다. 북한에는 생필품이 부족한 만큼 생필품(의류, 가전제품 등)을 사서 보내고 친인척들로 하여금 주변사람들로부터 북한 돈을 싸게 인수하도록 만들어야 한다.

그렇다고 돈을 무한정으로 바꿔주지는 않고 1인당 허용범위가 있다. 동독 주민의 나이에 따라 환율을 달리해서 14세까지는 최대 2천 동독마르크, 15~59세는 최대 4천 동독마르크, 60세 이상은 6천 동독마르크를 1:1의 환율로 서독 마르크화와 교환해 주었다. 그래도 1:8의 현재가치라면 1000만 원 투자해서 8000만 원 버는 것이니 엄청난 수익률이다.

북한에 친인척이 많으면 좋은 일이 일어날 수 있다. 없다면 주변에서 탈북자를 찾아 지인을 만드는 것도 방법이다. 다만 지금 당장은 위험한 시도가 될 수 있다. 언제 통일이 될지도 알 수 없고, 북한 돈의 가치는 지금도 계속 떨어지고 있기 때문이다. **결국 타이밍이 관건이고 가장 적당한 시기는 통일 직후일 것이라 예상한다.** 통일 직후에는 일단 돈을 바꿔줄 시점이 정해질 것이므로 시기에 관한 문제는 고민하지 않아도 된다.

통일이 되면 트럭을 몰고 북한으로 넘어가 장사를 하는 방법도 있다. 물론 통제는 되겠지만 북으로 넘어가는 것이 불법은 아니기에 개별 방북은 가능할 것으로 보이며, 부피가 작고 많이 가지고 갈 수 있는 생필품(청바지 같은 의류나 과일, 화장품, 생필품, 드라마 CD 등)이 안성맞춤이다. 이렇게 해서라도 반드시 북한 돈을 매입해야 한다.

독일이 통일되었을 때 바나나를 가득 실은 트럭이 동독으로 넘어왔다고 한다. 그리고 예를 들어 바나나 값이 원래 1000원이면 주민들에게 1만 원을 받았다. 동독 주민들은 동독마르크화를 돈으로 취급하지 않았으니 그냥 달라는 대로 주었다. 트럭 장사꾼은 다른 통화는 받지도 않고, 가치가 없어 보이는 동독마르크화만 긁어모았다. 그래서 바나나 트럭이 돈 트럭이 되었다는 일화가 있다.

비무장지대의 땅

비무장지대에 땅을 사는 사람들이 있다. 지뢰밭만 사는 사람도 있다고 한다. 훨씬 더 싼 데다 원래 사람들이 다니던 인도여서 지뢰를 깔아놨을 테니 통일을 대비해서 이런 땅을 사들인다고 한다. 그러나 이는 돈이 안 될 가능성이 크다. 사실 통일 독일에서 동서독 경계 구간의 땅값은 많이 오르지 않았다. 동독에서 살다가 이민 온 사람의 인터뷰로는 오히려 대도시 인근의 경치 좋은 곳들이 올랐다.

우리도 통일이 된다면 현재 우리가 매수할 수 있는 북쪽에서 가까운 남한 땅이 아닌, 평양이나 개성 같은 대도시나 그 인근의 땅들이 오를 가능성이 크다. 혹은 개발이 확실한 산업단지 인근의 땅들도 오를 것이다.

반면 비무장지대는 오르지 않을 가능성이 크다. 통일이 되고 나면 비무장지대는 세계인이 많이 찾는 만큼 DMZ생태공원으로 존치될 가능성이 높다. 즉 땅값이 상승할 수 없는 구조로 바뀐다는 의미다.

북한의 토지투자

통일 후 북한 토지에 관한 소유권 문제는 아주 복잡할 것이다. 독일의 통일 후 동독 토지의 소유권에 관해서 반환소송이 250만 건이나 벌어졌을 만큼 이 문제는 결코 간단하지 않다. 이를 우리나라에 대입한 연구는 지금도 활발히 진행 중이다.

동독은 소련에게 등기부등본 같은 관련 서류들을 강제로 빼앗긴 경험이 있다. 하지만 전부는 아니며 그중 2/3 정도가 남아 있었다. 그런데도 엄청난 소송이 벌어졌다. 하물며 우리나라는 그런 기록이 거의 남아 있지 않다. 북한 정부에 의해 무상몰수 무상분배가 이루어졌기 때문에 훨씬 복잡한 문제가 될 수밖에 없다. 혹여 소유권을 확실히 증명한다고 하더라도 특별법이 만들어져 수용 또는 보상 차원으로 끝날 가능성이 있다.

독일의 경우, 통일이 되자 서독에서 동독으로 건너온 사람들이 자신의 소유권을 주장했다. 하지만 그러면 살고 있던 동독 주민은 살던 집과 토지를 빼앗기고 길거리로 나앉을 수밖에 없고, 결국 엄청난 사회문제가 일어날 것은 자명하다. 그러니 소유권 인정이 쉽지 않았다.

우리나라도 통일이 되면 남한처럼 북한도 항구 근처에 대단위 산업단지가 조성될 가능성이 크다. 우리나라는 수출로 먹고사는 나라다. 경박단소의 반도체, 디스플레이, 휴대폰 등은 비행기로 실어 나르니 내륙(천안 탕정, 파주, 이천, 청주 등)에 있어도 상관없다. 그렇지만 자동차, 석유화학, 철강, 조선 등은 항구와 가까워야 한다. 항구에서 멀수록 운송비와 시간의 낭비가 배가 된다.

남한 기업이 북한에 산업단지를 조성한다면 평양과 가까운 남포항, 원산항, 나진항 등이 될 것이다. 나진항은 특히 중국과 러시아, 최근에는 몽골까지도 임차를 요청할 만큼

전략적인 요충지다. 이런 곳의 인근이 아닌 외곽 지역을 싸게 매입한다면 산업단지와 주거단지가 넓어지면서 수용을 노릴 수 있어 땅투자로는 좋은 방법이다.

서울과 수도권

통일이 되면 북한에 다수의 산업단지가 생기고 연관된 일자리가 발생할 것이라고 생각할 수 있다. 그러나 그럴 일은 거의 없어 보인다. 북한 개성공단 노동자의 인건비는 13만 원이었다. 중국의 인건비는 40만 원 정도, 베트남은 30만 원, 캄보디아나 미얀마 등은 20만 원 정도다. 그런데 북한 공장에서 만들어낸 물건들의 질은 어떤가? 대동강 맥주 말고는 쓸 만한 것이 거의 없다고 봐도 무방하다. 생필품을 비롯한 모든 물품이 남한에서 북한으로 넘어갈 것이고 북한의 공장과 공단은 거의 폐쇄될 것이다. 반면 광물을 캐는 곳 등 일부는 살아남을 가능성이 크다.

문제는 또 있다. 북한 주민이 대한민국 주민이 된다는 사실이다. 주민이 되는 순간 투표권이 주어진다. 정치권은 자신이 살기 위해서라도 최소한 최저임금에라도 맞춰줘야 한다. 최소 160만 원 정도는 주어야 하지 않겠는가? 그러면 우리나라 기업들이 북한에 공장을 지을 유인이 사라진다. 그 정도 인건비면 차라리 더 싼 동남아로 가는 편이 이득이다.

독일 통일 후 동독에서도 비효율적으로 운영되던 산업기반이 완전히 무너졌다. 그럴 수밖에 없는 것이 동독의 공장은 비효율적이고 1930년대에 만들어진 기계도 있을 만큼 낙후되었기 때문이다. 게다가 동독 주민의 엄청난 임금상승은 저임금으로 물건을 생산하던 동독의 산업기반을 완전히 무너뜨렸다. 그 이유로 기존의 동독 공장과 기업들은 초토화되었다.

그러니 동독에는 일자리가 없고, 당연히 동독 주민은 일자리가 풍부한 서독으로 1년에 20만 명씩 이주했다. 구동독 주민은 1989년 1870만 명에서 2007년 1670만 명으로 줄었다. 200만 명이 서독으로 넘어간 것이다. 동독의 대도시인 라이프치히는 공적자금을 투입하여 동독의 집들을 개보수했는데 그중 20%가 비어 있었다. 동독 전체로 보면 100만 호가 비어 있으며, 이중 30만~40만 호는 향후 공적자금을 투입해서 제거할 계획이다.

독일의 경우를 우리 상황에 대입해 보자. 통일 후 북한 주민의 이탈과 일자리가 풍부한 서울과 수도권으로의 쏠림 현상은 매우 심해질 것이다. 이주 오는 사람들은 일할 수 있는 젊은 청장년층으로 전망된다. 현재 우리나라의 지방에도 청년층은 줄어드는 추세다. 서울 및 수도권 대학으로 진학한 사람들은 좀처럼 내려오지 않으며, 지방에서 대학을 졸업해도 일자리가 없어 결국 서울로 올라오는 사람들이 많다. 이로 인해 서울과 수도권의 부동산은 더욱 부족해질 것으로 전망되며 전월세의 상승으로까지 이어질 가능성이 크다.

통일이 되면 수도권의 부동산은 폭등할 것이다. 최악의 시나리오에서도 최상의 시나리오에서도 오르는 곳은 서울의 역세권이며, 그래서 가장 안전한 곳이다.

18장.
최상의 시나리오3 _우리나라의 지방부동산은 살아날 수 있는가?

韓 조선산업, 햇볕 드나…3분기 수주 점유율 53%

3분기(7~9월) 기준 한국 조선업체의 신규 수주량은 341만1000CGT였다. 세계 시장 점유율은 52.7%로 역대 최고치다. 2위 중국(20.3%)과의 점유율 격차는 약 32%포인트에 달한다. 경쟁국 중 하나인 일본은 68만1000CGT(10.5%)를 수주하는 데 그쳤다. 이로써 올해 1월부터 지난달까지 신규 수주량은 한국 950만3000CGT(45.0%), 중국 651만1000CGT(30.8%), 일본 243만4000CGT(11.5%)를 기록했다.

업계에서는 한국 조선업체의 점유율이 높아지고 있다는 점에 주목하고 있다. 황경재 CIMB증권 연구원은 "한국의 1~9월 수주 점유율은 지난해보다 20%포인트 이상 상승했다"며 "점유율이 높아진다는 것은 선가 경쟁력이 올라간다는 뜻으로 한국 조선사들의 수익성 개선에 도움이 될 전망"이라고 말했다.

액화천연가스(LNG) 운반선 수주 기대도 크다. 이달 초 글로벌 석유메이저인 로열더치쉘은 북미지역에 매장된 가스를 아시아로 운송하는 터미널 개발 사업인 'LNG캐나다' 프로젝트에 투자한다고 발표했다. 투자 규모는 400억캐나다달러(약 34조원)에 달한다.

황 연구원은 "이 프로젝트로 2020년까지 연 50척 규모(100억달러)의 LNG선 수요가 발생할 것"이라며 "한국 조선업체들이 지금처럼 LNG선 경쟁력을 확보한다면 2020년까지 점유율은 55% 수준을 꾸준히 유지할 것"이라고 전망했다.

한국 조선업체는 경쟁국보다 우위에 있는 기술력을 앞세워 올해 세계 LNG선 수주를 사실상 독점하고 있다. 올 들어 지난달까지 국내 조선업체는 LNG선 38척을 수주했다. 모두 17만㎥급 대형 LNG선이다. 나머지 5척은 8만㎥급과 LNG벙커링(해상급유)선으로 중국과 일본 조선업체가 수주했다.

_2018년 10월 8일자 한국경제

조선업이 몰락하면서 거제도를 비롯한 부울경(부산, 울산, 경남) 그리고 군산의 경기가 매우 좋지 않다. 조선업의 몰락은 2010년경 유가의 급상승으로부터 시작되었다.

"이란 사태 악화 시 유가 200달러" 연 10% 목표 유전펀드 나와

그런데 이란 문제가 터지면서 배럴당 200달러 이상 치솟을 것으로 전망하는 곳까지 나오고 있다. 프랑스 대형은행인 소시에테제네랄은 '국제유가는 서방의 이란 금수 조치가 단행될 경우 브렌트유 기준으로 배럴당 150달러까지, 서방의 금수 조치에 반발한 이란이 원유 주요 공급로인 호르무즈 해협을 봉쇄할 경우 배럴당 200달러까지 치솟을 수 있다'고 전망했다.

_2012년 1월 29일자 중앙SUNDAY

유가 상승과 관련된 위의 기사가 나온 시기는 2012년 1월 29일이다. 당시 언급된 유가 상승 예상치는 200달러였다. 이 당시 미국은 2008년 발생한 금융위기로 인해 한참 어려운 시기를 지나고 있었다. 어려움을 극복하기 위해 그들이 내세운 방법은 바로 금융이었다.

그래서 유가를 올리는 작업을 한다. 이란문제와 이스라엘 등을 이용해서 중동지역에 불안을 증폭시킨다. 유가는 150달러까지 치솟았고, JP모건, 모건스탠리 등의 보고서를 통해 유가가 200달러까지 올라갈 것이라는 전망을 내놓는다.

산유국 입장에서 유가 60달러까지는 육지에서 캐야만 채산성이 나오는데 80달러를 넘으면 깊은 심해에서 석유를 캐더라도 수익성이 나온다. 당시 브라질, 나이지리아 등 해양을 끼고 있는 산유국에게는 기회였다. 이에 보고서를 낸 미국의 투자은행을 중심으로 브라질, 나이지리아 등에 갚을 수 없을 정도로 막대한 자금을 대출해준다.

한국 조선업계, 석유시추선 싹쓸이

이 작업이 끝나면 올해 수주한 새로운 드릴십 3척에 대한 설계에 들어갈 예정이다. 유가가 배럴당 100달러를 넘어서면서 삼성중공업·대우조선해양 등 한국 조선업계의 새로운 캐시카우(수익창출원)로 해양 시추 관련 선박·시설물이 떠오르고 있다.

_2011년 3월 28일자 조선일보

이 기사의 시기는 2011년인데 벌써 조선업계는 해양의 심해에서 쓸 수 있는 드릴십을 발주하고 있었다. 유가가 80달러를 넘어가고 있었기 때문이다.

2012년 유가가 150달러 대에 도달하면서 산유국들은 장밋빛에 휩싸였다. 그러니 한국의 조선업계는 밀려드는 드릴십 발주로 정신이 없었다. 조선경기를 반영하는 거제도, 군산 등은 아파트를 지으면 완판되고 조선소를 상대로 한 원룸은 공실이 없었다.

미국은 브라질, 나이지리아 등 심해유전을 가지고 있는 나라들에게 빌려줄 수 있는 최대의 돈을 빌려 줬다. 그리고 이제 다시 그 돈을 거둬들여야 한다.

'셰일혁명' 심장부 노리는 사우디… 미국 셰일 생산시설 인수 나섰다

미국이 셰일오일을 앞세워 글로벌 수출시장에 끼어들자 사우디는 시장을 지키겠다며 2014년 셰일업계와의 증산 전쟁에 나섰다. 시장에 원유 공급을 늘려 생산성이 다소 떨어지는 미 셰일업계를 고사시키겠다는 전략이었다. 적지 않은 셰일업체가 파산했지만 몰락시키는 데는 실패했다.

_2017년 12월 21일자 한국경제

미국은 전통적인 방법인 사우디아라비아를 이용한다. 사우디는 키신저 밀약을 통해 페트로 달러 시대를 연 나라다. 미국이 브레튼우즈 체제를 끝내고 달러 무한 발권의 시대에 들어와 달러의 가치가 떨어졌을 때 석유는 오로지 달러로만 결제를 해야 한다는 키신저 밀약을 통해 달러를 필수 불가결하게 만들어 달러의 기축통화 체제를 탄탄히 만들었다.

사우디는 갑자기 미국의 셰일오일을 죽여야 한다며 증산에 나선다. 그러자 석유의 가격이 뚝 떨어진다. 이에 이스라엘도 동조를 해서 중동 지역에서 사고를 치지 않는다.

20달러대 국제유가 앞으로 더 떨어진다

국제유가의 20달러 시대가 현실화됐다. 지난해 말 정부는 국제유가가 50달러 이하로 떨어지면 무역 1조달러 달성이 어렵다고 전망했는데 새해 시작과 함께 반토막 수준까지 떨어진 것이다.

8일 정유업계에 따르면 이날 싱가포르 거래시장에서 3월 인도분 두바이유 가격은 29.2달러에 거래됐다. 30달러를 뚫고 27.96달러에 마감한 전날보다 조금 오르긴 했지만 여전히 30달러를 밑돌았다. 지난해 말 골드만삭스가 공급과잉 심화로 원유 가격이 배럴당 20달러까지 떨어질 수 있다고 전망한 것이 맞아 떨어진 셈이다.

_2016년 1월 9일자 한국일보

드디어 이런 기사가 뜬다. 200달러를 넘보던 유가가 20달러대까지 추락한다. 그러면서 우리의 조선산업은 죽을 쑤기 시작한다. 우리나라 조선소는 석유를 나르는 드릴십을 잘 만든다. 그런데 석유 가격이 너무 떨어지면서 드릴십 발주를 했던 국가들이 인도(배를 받아들이는 행위)를 거부하는 사태가 발생한다. 온갖 트집을 잡으면서 말이다. 결국 만들었던 배는 애물단지로 전락한다.

이 일련의 과정에서 가장 이익을 본 나라는 어디인가?

바로 미국이다. 2008년도 금융위기를 통해 미국은 위기를 겪었다. 그러나 미국은 산유국에 돈을 빌려주고 석유 생산시설을 건설하게 한 후, 이런 식으로 석유의 가격을 떨어뜨려 석유광구 등을 헐값에 인수해서 돈을 벌었을 것이다.

미국에 대항해 석유 증산을 하면서 석유 가격이 떨어지자 어느 정도 손해를 본 사우디는 미국으로부터 반사이익을 얻었을 것이다. 유럽, 미국으로의 석유수입 독점권을 받는 식으로 말이다.

반면 고스란히 손해만 본 나라는 베네수엘라, 나이지리아, 브라질을 비롯한 산유국들이다. 특히 남미의 산유국은 좌파정권의 포퓰리즘과 더불어 복지를 늘렸다가 거의 파산에 이르렀다. 대표적으로 베네수엘라다.

미국은 석유의 가격을 급격히 올렸다 떨어뜨리는 방법으로 돈도 벌고 남미의 반미 좌파국가를 손보는 일석이조의 효과를 거둔다.

불안불안한 油價… "내년 100달러 간다" 전망도

미국의 이란 제재 예고로 브렌트油 78달러까지 근접

베네수엘라 정치·경제 불안에 OPEC·러시아 감산 합의도 악재

미국이 지난 8일(현지 시각) 이란 핵협정(JCPOA)을 탈퇴해 대(對)이란 제재 부활을 예고하고, 주요 산유국인 베네수엘라 경제 위기까지 겹치면서 국제유가가 치솟고 있다. 내년엔 배럴당 100달러에 달할 것이란 전망까지 나왔다. 한국 경제에 고(高)유가 리스크가 우려된다.

11일 CNN 등 외신에 따르면 런던ICE 선물거래소에서 북해산 브렌트유(7월물) 가격은 배럴당 78달러까지 치솟았다가 77.47달러에 장을 마감했다. 브렌트유가 78달러까지 오른 건 지난 2014년 11월 이후 3년5개월여 만이다. 4월 평균(71.76달러)보다 8%, 연초보다 15% 오른 가격이다. 미국 서부텍사스

산 원유(WTI)도 전날보다 0.22달러 오른 71.36달러에 거래를 마쳤다. 두바이유도 전날보다 배럴당 0.8달러 오른 74.73달러를 기록했다.

석유수출국기구와 러시아 등 다른 주요 산유국의 감산(減産) 합의도 원유 공급을 줄여 유가를 끌어올리는 요인이다. OPEC과 러시아 등 산유국들은 과잉 생산에 따른 유가 하락을 막기 위해 올해 3월까지 하루 180만배럴 감산에 합의했고, 감산 기간을 연말까지 연장한 상태다. 여기에 국제 경제가 회복세를 보이며 원유 수요도 늘고 있다.

_2018년 5월 12일자 조선일보

유가는 다시 100달러를 바라볼 정도로 상승하고 있다. 유가는 올라야 한다. 미국의 입장에서 본다면 말이다. 미국에서는 셰일가스가 나온다. 그 양이 어마어마해서 미국이 500년간 쓸 수 있는 양이라 한다.

셰일가스로 인해 미국은 이제 최대의 산유국이 되었고, 이를 이용해 에너지 수출국이 되려고 한다. 그러니 유가는 당연히 올라야 한다. 그래야만 석유가 아닌 셰일가스를 쓸 것이기 때문이다.

유가가 올라야 하는 이유는 또 있다. 미중무역전쟁이 한창이다. 미국은 유가를 통해 중국을 견제할 수 있다. 중국은 산유국이기는 하지만 세계의 공장이 된 이후 석유수입국이 되었다. 인구도 많다. 그래서 석유의 가격에 민감하다. 중국은 석유 가격이 올라가면 경상수지 적자가 난다. 그러니 미국은 석유의 가격을 올려 중국에게 치명타를 날리려고 마음먹고 있다.

미국에게는 꿩 먹고 알 먹는 상황이다. 중국은 무역수지가 흑자이기는 하지만 서비스 수지는 적자라 2018년 1분기에 2001년 이후 처음으로 종합수지 적자를 기록했다. 그런 와중에 석유가격까지 올라간다면 더 엄청난 적자가 불가피하다.

그래서 석유 가격은 미국의 입장에서는 무조건 올라야 한다. 그런데 미국이 셰일가스를 증산하면 유가가 떨어질 것이 아닌가? 셰일가스도 증산하고, 유가도 올리는 방법이 무엇일까? 그래서 미국은 이미 이스라엘의 수도를 예루살렘으로 정하면서 중동의 긴장을 높이고, 이란을 다시 제재하면서 석유의 증산을 막고 베네수엘라, 러시아 등 반미 국가들의 제제를 동시에 진행하고 있다. 결국 석유 증산으로 이익을 보는 국가는 미국과 미국의 우방인 사우디가 될 것이다.

그렇다면 미국의 셰일가스는 어떤 경로로 수출이 될까? 미국의 중부와 남부 지방에서 셰일을 캐서 텍사스에서 LNG를 통해 유럽이나 아시아로 보낸다. LNG선이 많이 필요한 이유가 여기에 있다. 이 LNG선을 잘 만드는 나라가 대우조선해양, 현대중공업 등을 보유한 한국이다.

중국은 한국에 비해 기술이 뒤떨어지고 미중무역전쟁으로 인해 미국의 눈치를 봐야 하는 유럽의 선사는 중국에 발주하기를 꺼린다. 그 여파로 대우조선해양의 주가가 많이 올랐다.

아직까지는 우리나라 조선사들이 어려움을 겪고 있다. 드릴십 때문이다. 향후 유가가 100달러를 넘어가고 심해석유 시추의 움직임이 본격화

되면 우리나라의 조선사들도 더 좋아질 수 있다.

미중무역전쟁으로 중국이 설비투자를 늦추고 유럽 선사들이 한국 조선소에 발주를 한다면 조선사들의 수익성은 향상될 것이다. 따라서 조선소가 있는 지방의 부동산도 좋아질 수 있다.

19장.
최상의 시나리오4 _우리나라의 지방부동산은 LNG허브로 살아날 수 있는가?

美·日·호주 '일대일로 反中전선'

미국·호주·일본이 동남아시아 인프라스트럭처 건설사업 지원을 위한 금융협력에 나서기로 했다. 일대일로를 명분으로 중국이 동남아 등에서 영향력을 확대하는 것에 대해 공동 대응에 나선다는 목표다.

미국 해외민간투자공사(OPIC)와 호주 외교무역부·수출금융보험공사, 일본 국제협력은행(JBIC) 등이 12일 업무협력을 위한 양해각서(MOU)를 체결한다고 니혼게이자이신문이 11일 보도했다.

액화천연가스(LNG) 기지 등 에너지 관련 시설, 해저케이블 등 안보 관련

통신시설 등 인프라 사업에 대한 협조융자를 통해 관련 사업을 지원하자는 취지다.

대상 지역은 동남아를 비롯한 '자유롭고 열린 인도·태평양 구상' 지역이다. 인도·태평양 구상의 대상 지역이 중국이 적극 추진 중인 일대일로와 큰 차이가 없어 동일한 지역을 놓고 미국·호주·일본 3국과 중국이 경쟁에 나선 모양새다.

미국·호주·일본 3국은 지난 8월 싱가포르에서 열린 장관급 전략대화에서 "인도·태평양 지역에서 질 높은 인프라 정비를 지원한다"고 합의한 바 있다. 오는 17일부터 파푸아뉴기니에서 열리는 26차 아시아태평양경제협력체(APEC) 정상회의에서 이 같은 내용을 설명하고 협력을 요청한다는 계획이다.

미국·호주·일본 3국의 공동 사업에는 급속히 가까워진 중·일 관계에 대한 미국의 견제도 한몫했다. 지난달 아베 신조 일본 총리는 중국을 방문해 양국 기업 협력을 통해 제3국 인프라 시장 공동 진출에 합의한 바 있다.

_2018년 11월 11일자 매일경제

미중 무역전쟁의 와중에 있다. 미국은 동남아를 이용해 중국을 포위하는 전략을 짜고 있다. 거기에 미국, 일본, 호주가 자금을 댄다는 기사다. 여기에서 나오는 단어는 액화천연가스(LNG) 기지로, LNG허브다.

앞서 언급한 대로 미국에서는 미국이 향후 500년간 쓸 수 있는 셰일가스가 발견되었다. 그래서 미국은 전통적으로 중동문제가 항상 제1의 아젠다였는데 지금은 북핵문제로 바뀌었다. 바로 셰일가스 때문이다. 셰일가스라는 에너지원을 가졌으니 중동에서는 한 발 빼도 된다는 얘기다.

앞으로 미국은 셰일가스를 수출할 것이다. 미국은 자신이 무역적자를 보고 있는 나라들과 문제를 해결하려 할 것인데, 그 나라들은 주로 동북아에 몰려 있다. 바로 한국, 중국, 일본이다.

그렇다면 셰일가스를 LNG선으로 일일이 옮겨와야 할까? 그럴 수도 있지만 신문기사에 나온 것처럼 셰일가스 저장소인 LNG허브를 어딘가에 만들어야 한다. 한국, 중국, 일본 중에 말이다.

그런데 일본은 지진이 많고 땅값도 비싸고 건설비용도 비싸다. LNG허브의 위치로 적당하지 않다는 말이다. 중국은 미국의 안보 측면에서 좋지 않다. **그래서 적당한 곳이 바로 한국이다.**

그렇다면 한국의 어디가 좋을까? 바로 여수다. 왜 여수인지 살펴보자.

1885년 영국군이 조선의 영토인 거문도를 불법으로 점령하는 일이 일어난다. 일명 거문도 점령 사건이다. 왜 영국군은 거문도를 점령했을까? 바로 1884년 7월 7일에 러시아 제국과 조선이 직접 수교(조러 수호 조약)를 했기 때문이다.

당시 영국은 러시아와 그레이트 게임중이었다. 그레이트 게임은 1813년부터 1907년(영러협상)까지의 대영제국과 러시아 제국의 작게는 중앙아시아에서 크게는 유라시아 전역의 패권을 두고 일어난 전략적 경쟁을 뜻한다.

영국의 목표는 러시아의 남하 저지였다. 식민지 쟁탈전에서 우위를 점하기 위해 필사적으로 러시아를 견재하였다. 러시아는 영국보다 늦게 식민지 쟁탈전에 뛰어들었기 때문에 교역규모나 경제발전이 영국보다 뒤쳐졌다. 그래서 러시아는 부동항을 차지하려고 크림반도, 위구르 지역 등에서 영국과 충돌하고 결국 동쪽으로 동쪽으로 가다가 조선까지 오게 된 것이다. 영국은 이런 러시아의 사정을 잘 알고 있었기에 조선을 러시아의 남하를 막는 수단으로 쓰려고 했다. 조선은 연해주를 사이에 두고 러시아와 영토가 접해 있었기 때문이다.

그래서 일본을 앞세워 조선과 강화도 조약을 맺게 하고 1882년 미국을 시작으로 영국, 독일이 차례로 조선과 조약을 맺는다. 영국이 나중에 조약을 맺은 이유는 영국이 먼저 조선과 조약을 맺을 경우 러시아의 반발을 살 수도 있었기 때문이다. 아울러 영국은 중국의 리홍장을 시켜 조선의 고종에게 조선책략이라는 책을 주며 청나라, 미국, 영국 등 열강을 동원해서 러시아를 경계하라는 의도를 전달한다.

그리고 영국은 1883년 조영 신조약이라는 것을 맺게 되는데 이때 영국은 고종에게 관세를 낮춰줄 것을 요구하고 이를 들어준 고종은 관세 때문에 큰 손해를 보게 된다. 이에 고종은 '세상에 믿을 놈 하나 없구나' 라고 한탄하면서 묄렌도르프라는 독일인을 통해 1884년 러시아와 조러 조약을 맺게 된다.

그런데 사실 묄렌도르프는 독일의 간첩이었다. 그는 러시아가 동쪽으로 시선을 돌리도록 만들었으며, 이는 독일의 계략이었다. 독일은 딜레마에 빠져 있었다. 전쟁을 일으키면 서쪽으로는 프랑스와 동쪽으로는 러시아와 동시에 싸워야 하는 이중 전선이 생긴다. 그래서 독일은 히틀러 때도 러시아와 동맹을 맺고 프랑스를 치고 다시 러시아를 공략하는 전술을 쓴다. 따라서 독일이 적극적으로 러시아의 극동진출을 도왔던 것이다. 묄렌도르프는 조러수호조약의 공로로 독일과 러시아에서 동시에 훈장을 받는다.

1884년 갑신정변이 일어났으며, 청나라와 일본 간에 전쟁의 기운이 돌자 조선은 러시아와 조약을 맺었다. 바로 앞서 말한 조러 밀약이다. 고종이 묄렌도르프를 통해 조선의 조정을 보호해달라는 비밀 교섭이다.

그러자 영국은 러시아를 견제하고자 거문도를 점령하게 된다. 왜 하필 거문도일까? 거문도는 위치가 참으로 탁월하다. 동양의 지브로올터가 바로 거문도이다. 거문도를 점령하면 영국은 러시아는 물론이고 청의 남하를 막을 수 있다.

영국이 거문도를 점령하자 러시아가 급해졌다. 왜냐하면 러시아가 점령한 블라디보스토크가 쓸모없는 항구가 돼버렸기 때문이다. 러시아에는 발틱함대라는 해군이 있었다. 블라디보스토크는 대한해협을 통해 상하이 또는 남중국해로 나가게 되어 있다. 그런데 영국해군이 거문도를 점령했으니 발틱함대의 길이 막혀버린 것이다.

또한 청나라도 거문도를 거쳐 일본으로 갈 수 있고 일본도 거문도를 거쳐야만 청나라로 갈 수 있다. 결과적으로 영국이 거문도를 점령하면서 러시아, 청나라, 일본의 발이 모두 묶여버린 것이다.

결국 러시아는 영국해군을 피하기 위해 시베리아 횡단철도를 건설하기에 이른다. 배로는 60일이 걸리던 거리가, 시베리아 횡단철도를 이용하면 21일 만에 만주까지 올 수 있었다. 이에 놀란 것이 바로 일본이다. 그때 일본 군대 창시자로 일컬어지는 야마가타 아리토모가 들고 나온 개념이 바로 이익선·생명선이다. 즉, 조선은 일본의 생명선이므로 절대 러시아에 빼앗길 수 없다는 것이다.

생명선·이익선은 무엇을 뜻하는가?

서구 열강은 자국의 이익을 위해 식민지를 건설하였다. 그에 반해 일본은 조선이 서구열강의 식민지가 되면 일본이 위험해지기 때문에 자신이 조선을 식민지로 만들어야 하고 이것은 서구의 이익선이 아닌 일본의 생명선이라는 것이다. 그래서 일본은 청일전쟁 그리고 러일전쟁을 일으킨다.

거문도는 동양의 지브로올터다. 그만큼 전략적 요충지이며 교통의 요지이다. 그래서 이와 가까운 여수가 미국의 셰일가스를 담아두는 LNG허브로써 유리하다. 이런 호재들이 지방에 계속 생긴다면 지방 부동산이 살아날 수 있으리라 보인다.

20장.
최악과 최상의 시나리오에서 모두 살아남을 곳은?

최악의 시나리오를 통해 얻을 수 있는 결론은, 일본의 부동산처럼 우리나라의 부동산도 몰락한다는 가정이다. 몰락한 일본의 부동산 중에도 유일하게 오른 곳은 도쿄다. 다마신도시를 비롯한 도쿄 인근의 신도시는 몰락했지만, 도쿄만은 역세권 임대료도 분양가도 올랐다. 직장이 많아 신도시 인구를 흡수했기 때문이다.

평택에 삼성전자가 공장을 짓는다고 하자. 일자리 창출 기대감에 부동산 가격이 뛰었다. 그러나 2008년 금융위기 당시 천안의 1000세대 아파트 단지 중 800세대가 비는 초유의 사태가 벌어졌다. 삼성전자가 오래된 반도체 라인을 뜯어서 중국으로 옮겨갔고 공장 신증설은 올스톱되었으며 협력업체, 비정규직의 일자리가 크게 감소했기 때문이다. 역

사는 반복되므로 반면교사로 삼아야 한다.

그러나 서울은 이런 식의 주택 공실이 일어나지 않는다. 금융위기가 오더라도 주택이 대규모로 비는 일은 발생하지 않는다. 그러므로 다마 신도시의 몰락이 우리나라에서도 재현된다면 서울의 역세권은 그나마 버틸 것이고 그중 서울의 부동산은 오히려 신도시의 몰락을 기회 삼아 더 오를 수 있다. 그러나 1기, 2기 신도시는 직격탄을 맞을 것이다. 이번에 3기 신도시 발표로 인해 서울과 더 가까운 곳에 신도시가 생긴다고 하자 2기 신도시가 분양을 앞두고 시위를 하고 있다.

수도권에 사는 사람들 대부분은 서울에 직장을 둔 청장년층이다. 자신이 사는 곳 근처에는 대규모의 일자리가 존재하지 않는다. 그렇기 때문에 먼 서울까지 출퇴근을 하는데, 상황이 바뀌면 이들은 짐을 싸서 서울로 이동할 것이다. **그래서 불황에도 버틸 부동산 투자는 서울의 역세권이다. 이왕이면 2호선 역세권 라인이 가장 좋다.**

최상의 시나리오에서 얻을 수 있는 결론은 무엇인가? 최상의 시나리오에서는 우리나라 전역이 오를 수도 있다. 그렇다 하더라도 실패하지 않을 곳, 혹은 더 크게 성공할 곳으로 지역을 압축해 보자. 외국인들이 사는 곳이 오르고, 통일이 된다면 수도권이 오른다.

최악과 최상의 시나리오에 모두 해당되는 교집합은 어디인가? 바로 서울의 역세권이다. 서울의 역세권은 미래에 어떤 시나리오로 간다고 해도 모두 상승이 가능하며 안전하다. 그러면 얻을 수 있는 답도 자명하다.

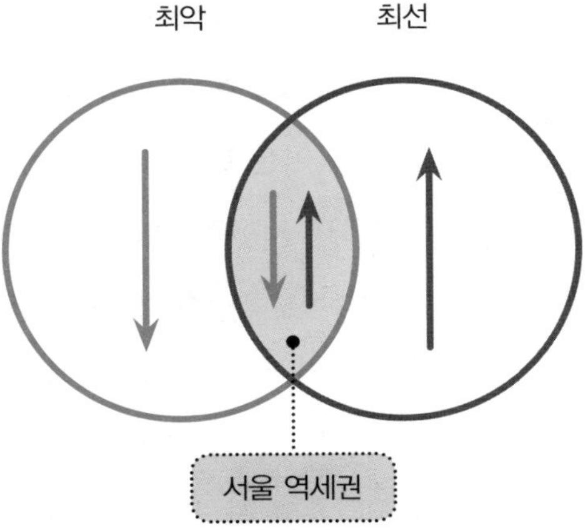
최악
최선
서울 역세권

Part 3.
대한민국 부동산 투자의 미래

21장.
시장과 맞서지 마라. 시장이 원하는 바를 따라가라

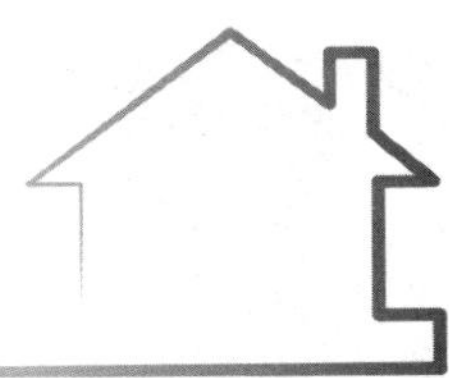

내 생각을 꺾고 남의 생각을 받아들일 때 비로소 발전할 수 있다.

어떤 일을 하는 데 있어서 자신의 생각이 중요할까? 남의 생각이 중요할까? 나는 지금까지 내 생각은 중요하지 않다고 느끼며 살고 있다. 중요한 것은 남의 생각이다. 물론 어떤 방향을 설정하거나 투자를 결정할 때는 내 생각이 중요하다. 다만 남이 어떤 시각으로 보는지가 꽤 중요하다.

자영업을 예로 들어 보자.

자영업을 하려고 마음먹으면 우선 시장조사를 한다. 그 때 장사 잘 되는 집의 사장을 본다. 그러나 봐야 할 것은 사장이 아니라 손님이다. 손님이 어떤 것을 원하는지 말이다.

여대에서 떡볶이집을 한다고 하자. 여대생이 뭐라고 하나?

"이모 여기 떡볶이 2인분 하고요. 국물 많이요."

왜 국물을 많이 원할까? 나는 남자라서 그 마음을 100% 이해할 수는 없으나, 여자들은 국물이 많아야 떡볶이 먹을 때 안심이 된다고 한다.

게임을 만들다가 떡볶이 자영업을 시작한 사람이 있었다. 그는 여자의 마음을 잘 이해했나 보다. 떡볶이에 국물이라는 수식어를 입혔다. 그래서 국물떡볶이가 탄생했다. 이 집에서는 "국물 많이요"라는 수식어를 붙일 필요가 없다. 왜냐하면 이미 사장이 손님의 니즈(Needs)를 알았으니까 말이다.

부동산 투자는 어떤가?

부동산 투자에는 많은 돈이 들어간다. 좋은 곳을 사려면 더 많은 돈이 필요하다. 그래서 차선을 선택한다. 그러나 차선은 항상 실패다. 오르지 않고 공실이 나고 월세를 안 내는 세입자가 들어올 수밖에 없다. 그러니 항상 부동산 투자를 하면 밤에 발 뻗고 잠을 잘 수 없다. 공실이 나고 월세 밀리는 세입자가 들어와 있고, 팔리지도 않는 부동산을 샀기 때문이다.

돈을 모아서 사자니 부동산은 너무 비싸다. 그래서 차선에 차선을 선택할 수밖에 없다. 사람들은 안다. 안 좋으니 안 사는 것이고 안 사니 안 오르는 것이고 안 좋은 세입자가 들어오는 것이고 최악의 경우는 세입자도 안 들어오는 것이다.

내 부동산을 살 사람의 니즈를 알아야 한다. **좋은 곳을 사자. 서울말이다. 그러나 아파트는 비싸니 재개발 빌라와 같이 미**

래가치가 있는 물건을 사는 것이 좋다. 언젠가는 그 낡은 주택이 아파트로 바뀔 것이다.

이미 재개발 구역으로 들어간 빌라는 비싸다. 그러나 아직 재개발에 들어가지 않았지만 앞으로 될 지역을 사는 것도 좋은 방법이다. 안 좋은 지역에 아파트를 사는 것보다는 훨씬 좋은 전략이다.

아직 재개발 구역이 아니라서 새 빌라일 경우가 많고, 세입자를 놓는 것도 수리를 하는 비용도 적게 들어가고 전세가와 매매가의 차이도 적다. 이런 곳은 재개발 지역이 된다면 부동산 가격이 오를 것이고 서울이니 좋은 세입자가 들어올 것이고 공실도 덜 날 것이다. 지방의 아파트보다는 훨씬 나은 선택이다.

매수할 사람의 니즈를 알아야 한다.

상가로 눈을 돌려서, 보통 사람들은 이미 상권이 형성된 지역은 너무 비싸고 아직 상권이 형성되기 전의 지역에 새 상가를 분양 받기를 좋아한다.

하지만 가장 위험한 선택이다. 상가는 주택과 달라서 싸다고 들어가서는 안 된다. 장사가 되어야 들어가는 것이고 사람들이 많이 지나다니는 곳이라야 한다. 장사가 안 되는데 싼 상가를 사면 무엇 하는가? 그래서 상가를 많이 해 본 형님이 이렇게 얘기했다.

“상가는 상권이 안정된 곳에 가서 사야 한다. 그리고 그곳이 의외로 비싸지 않다.”

처음에는 이 말의 의미를 잘 몰랐다. 그런데 엄한 곳에 상가를 사서 공실이 나보고서야 알게 되었다. 그 말 속에 깊은 혜안이 있다는 사실을 말이다.

상가는 안정된 곳에 가서 사야 한다. 안정된 곳이란 어디인가? 장사가 잘 되는 곳이다. 장사가잘 되는 곳이란 어디인가? 사람이 많은 곳이다. 사람이 많아야 장사가 잘 되는 것 아닌가?

장사가 잘 되는 기준은 무엇인가? 1시간에 사람이 1천 명 지나다녀야 한다. 그런 곳이 많지 않다는 사실을 알고 있는가? 그렇다. 장사가 잘 되는 곳이 많지 않으니 상가는 함부로 사면 안 된다.

그러나 장사가 잘 되는 곳이 그리 비싸지 않다. 매매가가 비싸지 않다는 얘기다. 경매로는 물건이 잘 나오지 않는다. 그래서 일반매매로 사야 하고 경매로 살 때보다 더 많은 돈이 들어간다. 그러나 공실 위험이 적고 매수하려는 사람이 많고 월세 잘 내는 세입자가 들어오고 한 번 들어오면 나가지 않는다.

상가를 살 때도 세입자의 니즈를 알아야 한다. 세입자의 니즈는 손님인데 손님이 많이 올 수밖에 없는 이유를 알아야 한다.

주식투자는 또 어떨까?

주식도 다르지 않다. 사람들은 투자를 할 때 자신의 의견을 밀어부친다. 내가 산 주식이 오를 수밖에 없는 이유를 가져다붙인다.

'이런 호재가 있는데 안 오를 수가 없지. 시간이 지나면 지금보다 몇 배가 …'

그러나 그런 이유로 오를까? 앞서 소개한 돈 많은 형님의 상가 철학과 접목 시키면 어떻게 될까? 아마도 이미 오른 주식을 사라고 하지 않을까? 이미 오른 주식은 너무 비싸지 않냐고? 너무 비싼 주식은 없다. 가격이 박스형태로 움직인다고 생각했을 때의 착각이다. 박스형태란 예를 들어 삼성전자가 100만 원이 저점이고 200만 원이 고점인데, 더 이상 오르지도 떨어지지도 않고, 이 사이를 왕복하는 것이다. 가격이 200만 원일 때는 너무 비싸기 때문에 사서는 안 된다. 맞는 말이다.

사실 우리나라 주식시장을 살펴보면 이처럼 박스권에 갇힌 종목들이 많다. 박스의 저점에 사서 고점에 파는 전략도 좋지만, 매우 피곤하고 또 언제 박스권을 이탈할지 장담할 수 없다. 곧 투자실패로 이어진다는 말이다.

그러나 세계 1위 주식은 어떨까? 우리가 흔히 알고 있는 주식들은 금융위기 등에서 약간의 하락은 있지만 크게는 항상 우상향하고 있다. 맥도날드, 나이키, 스타벅스와 같은 주식들은 100만 원에서 200만 원으로 박스를 이루는 것이 아니라 계속해서 상승하고 있는 것이다.

그 외에도 본인이 좋아하는 브랜드가 있다면 한번 검색해 보라. 물론 세계 1위나 독점기업이어야 한다. 구글, 페이스북, 아마존 아무거나 찾아보라. 이제까지 너무 올랐기 때문에 내일부터는 떨어질 것이라는 걱정이 되는가? 페이스북이 내일부터 떨어지려면 모든 사람들이 내일부터 스마트폰을 3G폰으로 바꾸고 인터넷을 가위로 잘라버려야 한다. 그럴 리가 없기 때문에 내일도 오를 것이다.

주식도 마찬가지다. 내 주식은 왜 안 오를까 생각하지 마라. 내 주식이 안 오르고 있다면 내 생각이 잘못된 것이다. 부실한 주식을 사놓고 100배 오를 주식으로 착각한 것은 아닌지 잘 생각해 봐야 한다.

내 주식이 안 오르는 이유는 내가 시장에서 주식을 사는 자본가의 마음을 못 읽었기 때문이다. 자본가는 돈이 많다. 돈이 많으니 애널리스트, 투자분석기업을 거느리고 있고 시장의 뉴스를 24시간 모니터링하고 있다. 그러면서 가장 좋은 종목을 산다. 따라서 그가 산 주식은 가격이 오른다.

부동산이든 주식이든 내가 바라보는 눈높이로, 내가 가진 자금으로, 내가 가진 얇팍한 지식으로 세상과 맞서서 투자하고 있는 것은 아닌지 생각해 봐야 한다.

시장은 항상 옳다. 나는 그것을 수용하면 된다. 세상과 맞서 부실주를 들고 있으면서 오르길 바라고, 자신은 물론이고 세입자도 들어오길 거부하는 부동산을 가지고 있으면서 가격이 오르길 바라는 것은 아닌지 생각해보자.

시장이 정말 좋아하는 것이 무엇인지 내 입장이 아니라 시장의 입장에서 다시 생각해 보자. 시장의 소리에 귀를 기울이고 시장에 호응하자. 이것을 깨닫지 못하면 재테크 시장에서 백전백패 한다.

22장.
투자를 하기 전 '왜'라는 질문에 답할 수 있어야 한다

『이끌지 말고 따르게 하라』라는 아주대학교 김경일 교수의 책이 있다. 이 책을 보면 리더의 조건에는 여러 가지가 있지만 '왜 이 일을 해야 하는지'에 대한 이야기가 나온다. 좋은 리더는 직원들에게 "왜 이 일을 해야 하고 이 일을 했을 때 너에게 어떤 이득이 있는지"에 대한 얘기를 해준다. 그래야만 직원들이 그 일을 진심을 다해 할 수 있다.

자영업을 하는 사장의 예를 보자.

직원들이 주어진 일을 내 일처럼 열심히 하게 하려면 어떻게 해야 할까? 그들로부터 진심을 이끌어 내야 한다. 그런데 사장은 더도 말고 덜도 말고 딱 아르바이트비만 지급하고, 나머지는 모두 자신의 이익으로 가져간다. 대부분 이렇게 하고, 이상한 일도 아니다.

아르바이트생 입장을 보자. 그 역시도 더도 말고 덜도 말고 아르바이트비만큼만 일한다. 대부분 이렇게 하고, 이 역시 이상한 일이 아니다.

만약 아르바이트생이 주인의식을 가지고 열심히 일을 하면 그에 상응하는 대가를 줘야 하는데 그 대가란 겨우 자르지 않는 정도다. 그래서 대부분의 직원들은 대충 일하면서 최소의 노력을 들여서 최대의 월급을 받는 것을 목표로 하게 된다. 아르바이트생이나 직원이나 크게 다르지 않다.

그래서 어떤 사장은 자신의 이익을 이미 정해 놓았다. 매출전표, 카드전표, 전기세 등 각종 공과금, 월세 등을 직원들에게 보여줬다. 그리고 그들에게 이렇게 말했다.

"사장인 나는 총이익의 33%만 가져갈 테니 나머지 67%는 너희들이 열심히 일을 해서 가져가라."

최소의 아르바이트비를 보장해 줬는지는 모르겠지만 다음 달 정말로 이익의 67%를 나눠주자, 직원들의 표정부터 달라졌다. 그 집은 직원들이 가장 빨리 움직이는 집으로 소문이 났다. 누가 시키지 않아도 일을 열심히 하고 스스로 주인의식을 가진다.

프로야구팀 SK 와이번스와 한화 이글스의 전 감독인 김성근 감독은 저녁이면 선수들을 모아놓고 정신교육을 시킨다. '왜 야구를 해야 하는지'에 대해서 열띤 강의를 했다. 선수들에게 열심히 운동하도록 강요하는 것보다 스스로 열심히 해야 할 이유, 즉 '왜'에 대한 해답을 찾게 하는 것이다.

어렸을 때 유럽으로 축구 유학을 간 선수들은 학교수업이 끝나야 비로소 축구 연습을 할 수 있었다고 한다. 미국도 마찬가지다. 학점을 못 따면 골프선수도 대회 참가를 하지 못한다.

2002년도 국가대표 축구팀 감독인 히딩크는 우리나라 선수들을 이렇게 평가했다.

"훈련량으로만 본다면 세계 제일이다."

왜 해야 하는지 모르는 상태에서 기계적인 반복학습만 해봐야 실력은 빠르게 향상되지 않는다.

EBS다큐멘터리에 소개된 내용으로, 중학교 전교 1등을 하는 학생이 있었다. 그 학생이 공부하는 방식은 새벽까지 연필로 써서 교과서를 외우는 것이다. 연습장은 까맣게 변했고 손가락은 피가 터졌다. 그래서 손가락과 연필을 고무줄로 묶고 했다.

아마도 기억할 것이다. 학창시절 영어 단어를 외우기 위해서 연습장을 까맣게 채웠던 것 말이다. 이를 깜지라고 한다. 그러나 이런 방식은 소용이 없다. 처음에는 어느 정도 외우겠지만 그 다음부터는 기계적으로 돌아간다. 연습장을 채우는 것이 목표가 되고, 무의식적으로 손가락만 움직인다. 그러니 외워질 리가 없다.

서울대학교 도서관에서 공부하는 사람들을 보면 책을 보다가 천정을 쳐다보고 눈을 감고 되뇌인다. '보고, 덮고, 떠올리고, 말해 보고'를 반복하는 것이다. 고개를 쳐들어 눈을 감고 떠올리는 과정을 반복하지 않으면 내 것이 되지 않는다. 이 과정이 없으면 단기적으로는 머릿속 칠판에 써지지만 얼마 지나지 않아 모두 지워지거나 희미해지고 만다.

회사나 가게도 마찬가지다. 직원들이 기계적으로 일하면 생산성도 나아지지 않고 회사도 발전할 수가 없다. '왜'라는 물음이 없이는 근본적으로 성장은 매우 어려운 일이다.

'이해하지 못하면 소유할 수 없다'고 한다.

이해하지 못하는데 어떻게 소유할 수가 있는가? 투자를 하는 데 있어서도 '이해'만큼 중요한 과정은 없다. 삼성전자를 90년대 중반에 3만 원 주고 샀어도 삼성전자를 이해하지 못했기에 그리고 주식투자에 대해 이해하지 못했기에 4만 원에 팔았다. '얼마나'와 '왜'가 중요한지 몰랐기 때문이다.

투자에서 크게 성공하려면 '왜'라는 물음을 통해 반드시 이해하는 과정을 거쳐 내것으로 만들어야 한다. 왜가 없다면 한 번도 성공하지 못하거나, 성공하더라도 작은 성공에 그치고 만다. 그래서 나는 강의를 할 때도 '왜 이것을 해야 하는지?' 그리고 '앞으로 왜 해야 하는지?', '어떻게 이런 과정이 나왔는지' 반드시 설명한다.

나쁜 리더는 누구인가?

이유 없이 공포를 조장하는 리더다. 직원들에게 열심히 일하지 않으면 잘릴 수도 있다는 의식을 심는다. 매출이 형편없는 이유는 직원들이 일을 열심히 하지 않기 때문이라고 주입시킨다. 공포만이 가득할 뿐, 이런 리더가 있는 조직에는 왜 일해야 하는지에 대한 공감대가 전혀 형성되지 않는다.

투자에서 '왜'를 이야기하지 않는 전문가는 일단 의심부터 해야 한다. 왜라고 말하지 않는 이유는 그 자신도 투자물건에 대한 본질을 모르고 있기 때문이다. 그러면서 공포심만 조장한다.

"요즘 아파트가 얼마나 오르는 줄 아세요? 지금 안 사면 후회합니다."

시장의 반응을 끌어와 공포 마케팅을 한다. 그러면 공포에 질려 남들이 사는 것을 따라 사는 투자행위를 한다.

다시 한 번 강조하지만, '이해할 수 없으면 소유할 수 없다.' 이해를 하지 못했기에 떨어지면 불안하고 올라도 얼마 못 벌고 빠져 나온다. 그리고 이해하지 못했기에 배우지 못했고 그와 비슷한 미래의 상황에도 대처하지 못한다.

좋은 리더, 좋은 강사, 나쁜 리더, 나쁜 강사를 구분할 수 있어야 한다. **투자를 하기에 앞서 왜라는 질문을 던져야 하고, 답을 얻을 수 있어야 한다. 왜인지 설명할 수 없다면, 강사의 말을 들어서도 안 되고, 스스로도 투자를 해서는 안 된다.**

23장.
매일 배고픈 마음으로 '부'의 지식을 탐하라

사람의 일생은 한 줄로 요약할 수 있다.

'이 땅에 태어나 살다가 죽는다.'

왜 태어났는지 스스로 알지 못한다면 이 한 줄의 인생에서 벗어나지 못한다. 가치 있는 인생을 살고 싶다면, '왜 태어났는지'를 알아야 할 것이다.

누구나 즐거운 인생을 꿈꾼다. 즐거운 인생이 무엇이기에 간절히 염원하고 꿈꾸는가?

카리브해에서 썬텐을 즐기고, 맛있는 음식을 먹고, 좋은 곳에서 잠자고, 돈이 많아서 남들에게 자랑하고 목에 힘주고 살면 즐거운 인생일까? 물론 아니다. 즐거운 인생의 배경이 '화려함'뿐이라면 인생은 빈 A4

지와 같이 공허한 빈칸에 불과할 것이다.

그러면 어떻게 사는 것이 '태어나 살다가 죽는' 인생의 여정을 즐겁게 만드는 원동력일까?

나는 새로운 것에 도전하고 경험하며 느끼고 감동하며 사는 삶이 즐거운 인생이 아닐까 생각한다. 매우 다이내믹해서 매일 새로운 삶의 세포가 샘솟는 인생 말이다. 저마다 인생의 가치관이 다르기 때문에 나의 이런 말이 뜬구름 잡는 것처럼 들릴 수도 있겠다고 생각한다. 그래서 예를 들어 설명해 보겠다.

사람의 눈은 수많은 혈관으로 얽혀있다. 원래는 사물을 볼 때 이 수많은 혈관이 보여야 정상이다. 그런데 뇌에서 혈관을 없애버리고 본다. 결국 내가 인식하는 세상은 혈관이 제거된 깨끗한 세상이다.

무슨 말인가 하면, 눈에 보이는 것이 모두 진실은 아니라는 의미다. 뇌가 하는 역할 중 하나는 이런 식의 불필요한 것, 반복되는 것을 없애버리는 소거의 기능이다.

예를 들어 책상이 있다. 그런데 그 책상 위에 책이 있고 책 위로 개미가 지나가고 있다. 매번 책상과 책과 개미를 업데이트 해서 본다면 눈이 피곤해진다. 그래서 움직이지 않는 책상과 책은 소거하고 움직이는 개미만을 보는 기능이 있다는 것이다.

그렇다면 우리가 이런 뇌의 기능을 실생활에서 느낄 수가 있을까? 있다.

당신이 2010년 10월에 무슨 일을 했는가를 기억해 보라. 아마도 대부분의 사람들은 기억하지 못할 것이다. 왜냐하면 뇌는 앞에서도 얘기했지만 매일 반복되는 일은 소거하는 역할을 하기 때문이다. 그래서 지난 세월이 빠르게 흘러갔다고 생각하는 사람은 매일 같은 일을 반복하지 않았는지 생각해봐야 한다. 아침에 일어나서 밥을 먹고 회사에 가고 일을 하고 끝나고 퇴근하면서 소주 한 잔 하고 집에 와서 TV를 보다가 잠을 잤다. 매일 반복되는 일상을 살았기 때문에 10년 전이나, 20년 전이나, 30년 전이나 기억나는 일이 많지 않다. 반복되는 일상은 뇌가 모조리 소거해 버렸기 때문이다.

이 땅에 태어나서 같은 일을 하다가 죽는 것은 내 인생을 깨끗한 빈 A4 용지로 만들고 떠나는 것이다. 카리브해에서 휴가를 보내고 맛있는 것 먹고 좋은 곳에서 자다가 죽는다 하더라도 같은 일상이 반복된다면 그 사람도 마찬가지로 빈 A4용지와 다름이 없다. 그래서 잘살았든 못살았든 죽음 앞에 서면 '하지 못한 일들이 생각나서' 후회만 남는다고 한다.

어떤 식으로 살아야 빈 A4용지와 같지 않는 삶이 될까? 매일 새로운 세포가 만들어지는 삶이란 무엇일까? 나는 그 부분에 대해서만큼은 남들보다 잘 알고 있다고 생각한다.

내가 진정으로 욕망하는 것이 무엇인가를 생각해 봐야 한다. 욕망이란 어떤 것이든 관계없다. 그러나 남이 만든 욕망, 광고가 만든 욕망은 피하라. 그것은 후회만이 남는 삶이다.

예를 들어 명품백을 가지고 싶다는 욕망은 남에게 과시하려는 욕망은 아닌지 의심해야 한다. 초등학교 학부모 모임이나 동창회에 나갔는데 누가 나를 무시하는 것 같아 기분이 나빠졌다면 그것은 내가 만든 욕망이 아니라 남과의 비교로 인해 만들어진 욕망이다. 그러니 이러한 욕망을 추구하는 것은 진정으로 내가 바라는 욕망이 아니며, 아무리 채워도 부족함만 더 느낄 뿐이다. 그리고 그만큼의 시간과 돈을 버리기에 내가 진정으로 원하는 욕망을 찾을 여력을 잃고 만다.

나의 욕망이 무엇인지 알고 싶다면, 버킷리스트를 만들어도 좋다. 매일 서로 다른 경험을 하는 것도 욕망을 채우는 한 방법이 아닐까 생각한다.

지식에 대한 욕망은 삶을 풍요롭게 한다. 세상이 돌아가는 이치와 원리를 퍼즐처럼 맞춰갈 수 있다. 좋은 책을 읽으면 세상에 존재하는 따뜻한 시선들과 만날 수 있다. 도무지 이해할 수 없었던 사람의 감정도 받아들일 수 있게 된다. 독서는 자칫 내가 모르고 죽을 수 있었던 것들과 만나는 소중한 시간들이다.

여행은 어떤가? 여행은 삶을 풍요롭게 한다. 세계일주를 한 후 세상을 보는 눈이 달라졌다고 말하는 사람이 있다. 학창시절 배당여행을 다녀와서 한 단계 성장해 있는 모습을 볼 수 있다. 맞는 말이다. 손주를 무릎에 앉히고 몇 달 동안 얘기를 해도 끝없이 얘기할 수 있는 경험은 그만큼 그 사람의 삶이 풍요롭다는 얘기다.

사업도 돈을 버는 일도 내 뇌가 소거하지 않을 새로운 경험을 통해 풍요롭게 만들어 갈 수 있다. 앞만 보고 달리다가 '어느새 시간이 이렇게 흘러버렸지' 하며 낭패를 보지 않으려면 **어떤 인생을 살던 매일 새로움을 추구해야 한다.** 혹시 일을 조금 못하는 일이 생기더라도 말이다. 사업을 못해도 돈을 못 벌어도 좋다. 하지만 오늘의 행복을 놓쳐서는 안 된다. 집에 들어가기 싫어서 어디선가 술잔을 기울일 게 아니라, 잽싸게 귀가해서 그날 저녁을 풍요롭게 채워보라. 날마다 이벤트와 같은 삶이 되지 않겠는가.

나 역시 매우 바쁜 삶이고, 부를 늘리기 위해 최선을 다하는 중이지만, 기본 중에 기본은 가족이며, 아이들과의 시간이 가장 소중하다. 한 번 지나버리면 다시는 되돌아갈 수 없기에 더욱 소중하게 생각되는지도 모르겠다. 그리고 가족이 소중한 만큼 가장으로서의 여러 가지 역할을 훌륭히 소화해 내야겠다는 욕망이 비례해서 증폭된다. 투자가 매우 신중해지며, 투자하기에 앞서 남들은 상상하기도 어려운 방대한 양의 기사와 자료를 파고든다. 그래서 통찰력을 갖게 되었으며, '그런 것까지 알게' 되는 수준을 향해 나아가고 있다.

파고들고 또 파고들면 흩어져 있던 것들이 하나로 모인다. 그제서야 투자의 길이 보인다. 누구도 알려주지 않았던 방식, 세상 그 어디에서도 찾을 수 없는 성공으로의 통로가 내 눈에 보이기 시작한다. 이 책에 있는 내용들이 누군가의 의견을 모은 것이라 생각하지 말기 바란다. 내 자신과의 고독한 싸움에서 얻어진 결과물들이다. 더 정확히 말하면, 흩어져 있던 세상의 지식들, 그러니까 누구나 얻을 수 있는 정보들을 '투자'라는 스펙트럼을 통과시켜 나만의 시각으로 풀었음을 밝힌다.

혹자는 자기자랑쯤으로 여길지도 모르겠다. 하지만 이곳에 굳이 밝히는 이유는, 그만큼 많은 시간 동안 노력했기 때문이며, 부동산이나 주식에 투자해서 실패하지 않고 '부'를 이루기 위해서는 매일 배고픈 마음으로 지식을 탐해야 하기 때문이다. 그냥 지나가다 얻어지는 단기적인 성과가 아니라, 평생 지속될 성과를 내고 싶다면 더더욱 알아야 하고, 이해해야 하고, 소유해야 한다.

24장.
수많은 별빛이 쏟아지는 날을 준비하라

나와 함께 『한국의 1000원짜리 땅 부자들』이라는 책을 공동으로 집필하신 윤세영 교수님에게는 멘토가 있다. 나이 90이 넘으신 분인데 쪼가리 땅을 많이 사서 부자가 되었다. 1.4후퇴 때 피난을 나왔다가 남한에 정착했고, 농사를 지었는데 농사를 짓고 나면 돈이 조금씩 남았다고 한다. 그래서 그 남은 돈으로 땅을 샀다.

그러나 방식이 남들과 달랐다. 그분이 사신 땅은 남들이 거들떠도 보지 않는 땅이었다. 도로 옆에 붙은 3평짜리 쪼가리 땅, 산 중턱에 있는 조그만 밭, 이런 것들 말이다. 일반인들의 눈에는 쓸모없는 땅이라서 아무도 사지 않았다. 그런데 이 분이 쓸모없는 그 땅을 사준다는 소문이 돌았고 쓸모없는 땅은 이 분에게 파는 것이 불문율처럼 되었다.

쓸모없는 땅은 싸다. 대출도 필요 없고, 사는 데 부담도 없다. 그렇게 20년이 훌쩍 넘었다. 어느 날부터인가 땅이 팔리기 시작했다. 사놓은 땅이 많은 만큼 혹은 누군가에게 팔리기도 하고, 혹은 정부나 기업에 수용이 되었다. 거의 매달 땅이 팔렸다고 한다. 사실 자신은 내 땅이 어디에 어느 만큼 있는지도 잘 모르셨다고 한다. 그런데 사고 싶은 사람이 어떻게 알았는지 연락처를 알아서 연락이 온다. 이렇게 20년 동안 모은 땅을 매달 팔았고, 한편으로는 쓸모없는 쪼가리 땅을 계속해서 사기를 반복했다. 그리고 남들이 부러워하는, 입이 다물어지지 않는 큰 부자가 되었다.

테슬라 CEO 일론 머스크의 스페이스X 프로젝트는 1단 로켓의 회수였다. 1단 로켓을 쓰고 버리는 것이 모든 과학자들의 상식이었는데 과학자도 아닌 일론 머스크가 1단 로켓을 회수한다고 했을 때 사람들은 믿지 않았다. 2002년도에 시작한 이 프로젝트는 2015년이 되어서 성공했다. 드디어 인류 최초로 1단로켓이 바다에 떨어지지 않고 회수할 곳에 정확히 착륙한 것이다.

세계 유수의 기업이 훌륭한 이유는 끊임없이 새로운 아이디어를 스케일업 하기 때문이다. 즉 아이디어차원에서 머물지 않고 새로운 아이디어를 가지고 돈이 되는 아이템을 동시다발적으로 꾸준히 진행한다. 그래서 어느 순간에는 돈이 되는 아이템이 끊임없이 쏟아지는 것처럼 보인다.

『축적의 시간』의 이정동 교수는 이런 현상을 별빛에 비유했다. 우리가 보는 별빛은 수만 광년 전에 출발한 별빛이다. 어제 쏘아진 별빛이 아니다. 수만 광년을 날고 날아와 오늘 내가 비로소 별빛을 본 것이다. 그런데 사람들은 그 별빛을 보고 오늘 별이 계속해서 빛나고 있구나 생각한다.

어느 것이고 오늘 빛나는 아이디어로 이룬 것은 없다. 스페이스X의 로켓 회수작전이 13년 동안의 수많은 실패를 바탕으로 달성된 것처럼, 노력과 땀이 모여 성공이라는 걸작품이 탄생하였다. 수많은 땅을 모으고 모아 그 별 볼일 없는 땅이 보상을 받기까지 20년 이상이 걸렸다.

오늘 내 눈에 쏟아지는 별빛은 어제부터 반짝 빛난 별의 빛이 아니다. 수만 광년을 달리고 달려 오늘에서야 내 눈에 보이는 별빛이 된다. 주식을 사 모은다는 것은 오늘 사서 바로 백 배가 되어 벼락부자가 된다는 것이 아니다. 오늘, 내일, 모레, 한 달, 일 년, 이 년, 십 년의 결실이 모이는 과정이다. 그 중 어떤 종목은 열 배가 되기도 하고 100배가 되기도 하여 밝게 빛난다. 물론 그 중 일부는 쓸모없는 별똥별이 되어 스러지기도 하지만 꾸준히 모으다보면 수많은 별빛이 쏟아지는 날이 올 것이다. 그 때를 위해 오늘도 별빛을 모으자.

25장.
왜 강남의 아파트는 비쌀까?

서울 아파트 '3중 자물쇠' 채웠다

"서울에서는 사실상 집을 사지 말라는 경고 메시지 같다."(고종완 한국자산관리연구원장)

경기도에서는 과천만 투기과열지구로 지정돼 수도권 일부 지역은 반사이익이 예상된다. 심교언 건국대 교수는 "정부가 과열된 서울 집값을 잡는 대신 투자 수요를 경기도 등 수도권으로 유도, 부동산 경기를 어느 정도 살리겠다는 의도가 있는 것 같다"면서 "광교·판교·하남 등 서울 강남 지역과 가까운 지역의 집값이 강세를 보일 것"이라고 전망했다.

_2017년 8월 3일자 조선일보

전문가들의 예상이 항상 맞는 것은 아니다. 그래서 미래 예측이 어려운 면도 있지만, 과거와 현재, 미래를 모두 종합하여 일시적인 현상이 아니라 '다가올 흐름'이라는 큰 그림을 그릴 수 있어야 한다고 생각한다. 당시에도 많은 전문가들이 잘못된 예측을 내놓았다.

집은 항상 투기로 산다고 생각하지만 사실은 그렇지 않다. 일부 투기 수요가 있고, 나머지는 새로 집을 장만하거나 넓히는 과정이다. 물론 그 과정에서 투자라는 측면을 감안하지만 말이다. **그렇기 때문에 집을 살 때는 내가 원래 살던 곳에서 멀지 않은 곳일 때가 많다. 심지어 내가 항상 다니던 길목에서 봤던 집을 산다. 투기를 위해 먼 곳으로 보금자리를 옮기는 경우가 많지 않다는 것이다.**

2012년경 인천 송도국제도시에 한창 하우스푸어가 넘쳐날 때였다. 이에 송도는 GCF(녹색기후기금)를 유치했는데, 아래는 관련 기사다.

> **인천 송도, 녹색기후기금 사무국 유치 성공**
>
> 인천 송도가 신생 대규모 국제기구인 '녹색기후기금(GCF)의 사무국 유치에 성공했다.
>
> GCF 24개 이사국은 20일 오전 인천 송도컨벤시아에서 유치지 선정 투표를 벌여 송도를 유치지로 최종 확정했다.
>
> 송도는 이날 독일·스위스 등과 경합을 벌여 다섯 차례 투표 끝에 유치지

로 선정됐다.

GCF는 2020년부터 매년 1000억달러의 기금을 조성할 예정인 초대형 국제기구다. GCF 사무국 유치는 국제통화기금(IMF)이나 세계은행이 들어서는 만큼 큰 효과를 낼 것으로 전망된다. 특히 아시아 국가 중 GCF와 같은 대규모 국제기구를 유치한 도시가 없었다는 점에서 국가 이미지도 크게 높아질 것으로 전망된다.

_2012년 10월 20일자 조선일보

2012년 10월 20일자 기사다. 당시 이 일이 일어나고 얼마 안 있어서 그래픽으로 뉴스를 발표한 적이 있다. 뉴스의 논제는 '녹색기후기금이 유치되고 어떤 사람들이 청약을 했는가?'였다. 녹색기후기금 유치 전에는 청약자 중 95%가 인천사람이었고, 외지인은 5%에 불과했다. 그런데 녹색기후기금 유치 후에는 청약자 90%가 인천사람, 외지인은 10%였다.

이것이 의미하는 바는 인천 송도라는 괜찮은 지역(인천에서는 최고의 입지)임에도 불구하고 주로 인천 사람들만 산다는 얘기다. 의외로 외지인은 많지 않았다.

그래서 서부라인이 무너졌다. 서부라인이라 하면 인천, 고양, 김포를 잇는 서쪽의 도시들을 의미한다. 무너진 이유는 대규모 신도시 개발 때문이었다. 신도시가 지어지니 공급이 많아졌고, 인천의 구도심에 사는 사람들이 새 아파트를 구매했다. 기존 지역은 유입인구보다 유출인구가 많았음은 당연한 결과였다. 구도심에서 신도시로 대규모 이동이 있었다는 말이다.

신도시란 무엇인가? 공급폭탄이다. 공급폭탄이 떨어지자 구도심에 사는 사람들은 새 아파트, 즉 신도시로 이사를 갔다. 하지만 그 전에 선행되어야 할 일이 있다. 원래 살던 아파트를 팔아야 한다. 그런데 구도심의 아파트 물량은 누가 받아주는가? 당연히 받을 사람이 없다.

구도심 아파트 물량이 쏟아져 나오는 시점은 신도시 아파트 입주 시점과 맞물린다. 그러니 구도심은 망하고, 신도시는 전세가가 떨어지고, 입주를 못하니 마이너스 프리미엄이 붙는 것이다. 이것이 의미하는 바는 동네사람들이 신도시 아파트, 새 아파트를 산다는 사실이다.

강북의 경희궁자이 아파트 32평은 8억5천만 원에 분양을 했고 지금은 13억 원을 넘어간다. 그 주변에서 부동산을 하는 사장님이 했던 얘기가 생각난다.

강남 아줌마가 자기 업소에 왔었다고 한다. 얼마냐고 묻길래 32평이 10억이 넘는다고 하니 한다는 얘기가 이렇다.

"아니 왜 이렇게 비싸? 돈 조금 더 모아서 강남 아파트를 사야겠네."

그리고 사지 않고 돌아갔단다.

강남사람들도 마찬가지다. 자신의 동네를 자신들이 사는 것이다. 오히려 강남에 대한 자부심이 가득하다. 강남을 묶어놓으면 강남 사람들이 동탄이나 김포한강이나 송도에 가서 아파트를 산다는 발상은 참으로 무지몽매한 발상이다.

생각을 해보자. 10억 원이 넘는 주택을 강북이나 경기권에 살고 있는 사람이 사는 것이 당연한 일인가? 원래 강남에 살고 있다는 것은 직업, 돈 등이 많은 사람들이란 얘기고 강남에 학군이 좋고 교통이 좋고 아파트 값이 비싸서 어디 사냐고 물었을 때 사람들이 "와~" 하는 반응을 즐기려고 여기에 사는 것이다. 그러니 10억 원이 넘는 주택을 사는 구매수요자가 강남에 사는 것은 당연하고, 거기다가 동네를 필요 이상으로 사랑하는 것은 전국 어디나 마찬가지라는 것이다.

호모 사피엔스가 왜 이 세상의 지배자가 되었는가? 먼 옛날에는 호모 사피엔스와 더불어 네안데르탈인 등 원시 인류가 있었다. 그런데 그 원시인류 중에서 호모 사피엔스가 최종 승자가 되었다. 호모 사피엔스의 뇌가 컸기 때문이 아니다. 뇌의 크기는 네안데르탈인이 호모 사피엔스보다 더 컸다. 키는 네안데르탈인이 작았지만 근육이나 민첩성 등으로 보면 호모 사피엔스는 게임도 안 되었다고 한다.

그런데 왜 네안데르탈인은 호모 사피엔스에게 멸종을 당했는가? 그것은 호모 사피엔스가 협력을 하기 때문이다. 네안데르탈인은 주로 혼자 다녔고 호모 사파엔스는 여러 명이서 몰려다녔다. 그러니 아무리 신체적 능력이 뛰어났다고 하더라도 네안데르탈인은 호모사피엔스의 집단적인 힘과 지혜에 무릎을 꿇을 수밖에 없었다.

원숭이는 다른 원숭이의 이를 잡아주는 습성이 있다. 이를 잡아주는 행위는 30분이면 끝난다고 한다. 그런데 이 행위를 5시간 이상 반복한다. '나는 네 편이다'는 사인을 주기 위해서다. 호모 사피엔스 역시 '내가 주변을 사랑하지 않으면 결국 내가 죽는다'는 의식이 뇌리에 박혀 그대로 유전되었다.

그래서 우리는 주변의 것을 과도하게 사랑한다. 월드컵을 보라. 한국과 독일이 붙으면 누가 보아도 독일이 강한데 한국 이기라고 목이 터져라 외치고 거기다 돈까지 걸지 않는가?

이성을 가진 펀드매니저는 다를까? 아니다. 세계의 주식 시가총액은 700조 달러 정도 된다. 그중 미국의 NYSE와 나스닥을 합치면 40%, 유럽이 30%, 일본이 10%, 중국이 9% 그리고 한국은 1.8% 정도 된다. 그래서 분산투자를 한다고 하면 시가총액에 맞도록 투자종목을 정하는 것이다. 따라서 미국에 40%, 유럽에 30%… 이런 식으로 분산투자를 해야 한다.

그런데 우리나라의 펀드매니저는 98% 가량을 우리나라에서 운용한다. 물론 여러 가지 제약이 있을 것이다. 그렇다 하더라도 너무 지나치다. 그런데 우리나라 펀드매니저들만 그런 것이 아니다. 미국 98%, 일본 98%. 이 비율은 어느 나라 펀드매니저나 대동소이하다. 부동산도 자기가 사는 동네를 사듯이 주식도 자기나라 주식을 산다. 과도하게 자신이 속해 있는 집단에 쏠리는 것이 인간의 속성이다.

국내 부동산으로 돌아가서, **정부가 부동산 정책으로 강남을 묶으면 강남에 사는 사람들이 경기권으로 빠져 나갈 것이란 예상은 틀렸다.** 만약 경기권이 오른다면 강남 사람들이 사서가 아니라 경기권에 있는 사람들이 샀기 때문이다. 그러나 부동산을 움직이는 자금이 강남에 압도적으로 많으니 경기권에 부동산 폭등이 일어날 확률은 높지 않다.

26장.
그 욕망은 내 자신으로부터 비롯된 것인가?

시간의 개념은 산업혁명 이후에 생겼다고 생각한다. 중세시대나 조선시대에는 매일 같은 날의 반복이었다. 봄, 여름, 가을, 겨울이 반복되고 아침부터 저녁까지 하는 일이 거의 비슷했다. 농노는 하루 종일 농사를 지었고 귀족들은 주체할 수 없을 정도로 시간이 남아돌아서 한 끼 식사를 하는 데도 3시간이나 걸렸다. 이처럼 오늘이 어제 같고, 어제가 오늘 같은 날의 반복에서 가장 존경받은 사람은 노인들이었다. 비록 같은 날을 반복해서 살았지만, 노인에게는 경험이라는 자산이 축적되어 있었다. 그래서 존경을 받았으며 권위도 가질 수 있었다. 산업혁명 이전까지는 말이다.

그러나 산업혁명 이후 모든 것이 바뀌었다. 산업혁명은 우리의 삶을 획기적으로 바꾸어 놓았다. 가장 큰 변화는 물건이 모자라는 시기에서 물건이 남아도는 시기로의 탈바꿈이다.

산업혁명 전까지는 사람의 손으로 물건을 만들었다. 속도가 느리고 필요한 물건을 동시다발로 만들 수도 없어서 물건은 항상 부족했다. 그래서 만들면 만드는대로 팔리는 시기였다.

그러나 산업혁명을 거치며 만드는대로 팔리는 시대가 아닌 남아도는 시대로 바뀐다. 모두 알다시피 사람이 아닌 기계의 힘으로 빠르게, 그리고 다량의 물건을 동시에 만들었기 때문이다.

옷을 하루에 5벌밖에 못 만들던 인간은 산업혁명을 거치면서 하루에 몇천 벌, 몇만 벌을 만들어내게 되었다. 옷의 재료가 되는 옷감도 기계로 만들었으므로 기계의 성능이 좋아지면 좋아질수록 옷의 품질도 비약적으로 향상되었다.

이제 남아도는 옷이 처치 곤란한 상황에 이르렀다. 기계를 소유한 자본가들은 그래서 생각해 냈다. '남아도는 옷을 다른 나라에 수출하자.'

그 이론적 토대를 만들어준 경제학자는 아담스미스와 리카르도다. 자유무역을 주창했으며 자유무역을 통해 자신의 나라에서 강한 제품을 만들어 교역을 하면 양국에 이익이 된다는 논리였다. 리카르도가 천재인 이유는 선진국에 이익이 되면 후진국도 이득이라는 논리를 만들었기 때문이다.

경제학자들의 이론적 토대를 바탕으로 서양제국은 무력을 앞세워 제조업에서 남아도는 옷감을 소비할 나라들을 찾기 시작했다. 식민지 개

척시대였다. 식민지에 옷감을 팔고 그들로부터 농산물과 값비싼 귀중품을 수입했다.

그러나 2차세계대전이 끝나고 세계의 식민지는 민족자결주의에 의거 독립국으로 인정받는다. 제국주의 시대가 막을 내리고 민족주의 시대가 열린 것이다.

시대가 바뀌어도 제국주의의 자본가들은 물건이 넘쳐났다. 과거에는 식민지가 있어서 쉽게 물건을 팔 수 있었는데, 이젠 그렇게 할 수 없으니 고민이 깊어졌다. 이번에도 자본가들은 한 가지를 생각해 냈다. '인간의 욕망을 자극하자.'

인간의 욕망에 불을 붙이는 가장 강력한 도구는 바로 시각이다. 자본주의를 지탱해 나가는 것이 시각이기 때문이다. 만약 사람에게 눈이 없다면 명품가방이 필요할까? 아니면 커다란 집은? 눈이 없다면 편히 누울 침대 하나면 족하지 않을까?

불교의 에피소드 중 아름다운 눈을 가진 스님에게 반한 처자가 그의 눈을 보고 아름답다 하자 자신의 눈을 뽑아 그 처자에게 주었다는 얘기가 있다. 시각으로 인해 사람은 얼마나 많은 욕망을 갖게 되었는가? 그리고 또 시각으로 인해 사람의 욕망은 얼마나 왜곡되었는가?

원효대사의 해골물 또한 마찬가지다. 밤에 마신 물이 그렇게 맛있었지만 다음날 일어나 살펴보니 사람의 해골 안에 든 물이었다. 이 사실을 알고부터는 속이 메스꺼워 토하고 싶은 심정이었다. 그러면서 깨달았다. 시각은 얼마나 인간을 간사하게 만드는가?

자본가들은 잘 알고 있다. 사람들이 얼마나 시각에 약한지 말이다. 그래서 물건을 더 이상 사지 않는 사람들을 위해 시각적으로 자극적인 광고를 한다. TV를 통해 명품 옷과 가방, 럭셔리한 집들을 보여주며 본인들이 얼마나 부족한 옷을 입고 허술한 집에 사는지를 보여준다. 그리고 자신의 개성을 살리라고 외친다.

"너는 너야."

옷은 개성을 표현하는 도구이며, 유행을 좇아야 한다. 오래되면 버려야 하고, 뚫어져도 기워 입어서는 안 된다. 자본가들의 이런 발상은 대성공을 거둔다. 사람들이 옷을 계절별로 색깔별로 사이즈별로 사기 시작한다. 오래된 집을 버리고 새 아파트로 가야 가정이 화목해지고 성공적인 삶을 사는 것처럼 자본가들에 의해 꾸며진다. 자본가들이 소비자의 시각을 지배하자 과잉소비의 시대가 온 것이다.

쿨한 사람은 언제나 새로운 것을 원한다. 새 제품을 쓰는 사람은 얼리어답터라는 이름으로 추앙받으며, 앞서가는 사람으로 인정받는다. 그러나 옛것을 쓰는 사람은 사회에 적응 못하는 원시인 취급을 받는다. 필요하지도 않은 물건을 사야 하고, 망가지지도 않은 물건을 대체하기 위해 더 좋은 물건을 사야 한다. 사람들은 이런 욕망에 휩싸여 있다. 사실은 자본가들이 주입한 욕망인데도 자신의 꿈인 것처럼 착각한다.

이 시대는 노인보다 청년이 각광받는다. 왜냐하면 새로운 물건에 적응하는 것은 청년이기 때문이다. 청년은 쿨하며 소비적이다. 새것을 잘 받아들이는 스마트한 사람으로 인식된다. 스마트폰을 사도 설명서 없이 물건에 적응하고 키보드 자판도 두 손가락으로 능수능란하게 쳐 댄다. 무엇인가를 배우려면 노인이 아닌 청년에게 배워야 하는 시대가 되었다.

산업혁명을 거치면서 스마트한 그리고 소비지향적인 사람은 청년이지 노인이 아니다. 왜냐하면 노인보다 청년이 소비지향적이고 과시적이며, 개성을 강조하면 잘 먹히는 그런 세대이기 때문이다. 그래서 자본가들은 청년을 주목한다. 소비하지 않고 적응도 느린 노인이 아닌 것이다.

청년이 주목하면 쿨해진다. SNS가 유행이라면 페이스북, 구글과 같은 기업들이 뜨는 것이고 청소년들이 게임에 미치면 텐센트나 액티비전 블리자드와 같은 기업들이 뜨는 것이다. 젊은이가 좋아하는 명품백이 있다면 얼마나 오래 되었고 전통이 있는가보다 쿨한 이미지로 다가간다. 그래서 구찌가 뜬다.

무엇인가를 욕망한다는 것은 무엇인가? 나 스스로 주체적으로 생각하고 얻기 위해 추구하는 것이다. 그러나 현대는 욕망의 본질이 바뀌었다. 유행하는 것, TV에 나오는 것, 연예인들의 공항패션, 재벌3세의 집, 패션센스 등이 더 눈길이 간다. 개인이 주체적으로 받아들였다기보다는 고도로 계산된 자본가들의 욕망주입이라 할 수 있다. 우리는 그것을 따라하기에 바쁘다. 그럼에도 불구하고 스스로 원해서 얻었다고 생각하며, 그것을 소유하는 것이 내 존재의 이유라고 생각한다. 남이 만들어준 허상임에도 불구하고 말이다.

산업혁명 이후 시간의 개념이 이 모든 것을 바꾸었다. 오래된 것은 버려야 할 것이며, 새로운 것이 우리가 지향해야 할 바다. 그러나 이것은 우리의 시간을 좀 먹는다. 자본가들이 산업혁명 이후 지배한 것은 결국 시간이다.

재벌이나 일반 개인이나 시간은 똑같이 주어졌다. 재벌이 아니고서야 남이 만들어준 욕망을 이루기 위해서는 놀 시간이 없다. 그것을 사기 위해서는 내 모든 시간을 들여 그것을 사야 하기 때문이다. 그것을 사기 위해 내 시간을 썼으므로 내 시간은 계속해서 줄어든다.

요즘 자본가들은 시간마저 아껴준다. 물건을 사러 백화점에 갈 필요도 없다. 홈쇼핑으로, 온라인으로 그리고 모바일로 장소와 시간을 아껴 물건을 소비하게 만들어준다. 그리고 우리는 소비를 위해 끊임없이 노동을 해야 한다. 자본가의 덫에 걸린 줄도 모르고 새로운 스마트폰이나 한정판 피규어가 나오면 그것을 밤새워 줄서서 사는 내가 너무 쿨하게 보이도록 만든다.

여기서 우리는 스스로를 되돌아봐야 한다.

'내가 무엇인가를 욕망하고, 무엇인가를 사고 싶다면, 과연 그 욕망은 내 자신으로부터 비롯된 것인가?'

사실 내가 욕망하는 바가 무엇인지 모를 수도 있다. 한 번도 생각해보지 않았기 때문이다. 학창시절에는 공부하느라, 직장생활을 하면서는 일에 매진하느라 내가 주체적으로 생각하고 행동한 적이 없다. 남이 보기에 이런 직업이 쿨하고, 남이 보기에 이렇게 해야 돈을 많이 벌고, 이 정도 집에 살며 이 정도 차를 사야 내가 쿨한 것처럼 말이다.

그래서 우리나라의 중산층 기준은 32평의 아파트에 살며 연봉이 5000만 원 이상이고 대졸 이상이며… 이렇게 객관적인 수치들만 나열할 뿐이다. 정신적인 것은 하나도 없고 물질적인 것들로 도배가 된다.

반면 프랑스의 조르주 퐁피두 전 대통령은 1969년 공약집에 담았던 '삶의 질'에서 △외국어 하나 이상 가능하고 △스포츠를 하나 이상 즐기며 △악기를 다룰 줄 알고 △남들과 다른 맛의 요리를 만들 줄 알고 △'공분'에 의연히 동참할 줄 알고 △약자를 도우며 봉사활동을 꾸준히 하는 것을 중산층의 기준으로 제시했다. 미국의 공립학교에서도 중산층은 △자신의 주장에 떳떳하고 △사회적 약자를 도우며 △부정과 불법에 저항하고 △정기적으로 받아 보는 비평지가 있어야 한다고 가르치고 있다.

5000년 전에도 나는 없었고 5000년 후에도 나는 없을 것이다. 자본가를 위해서가 아닌 나를 위해서 살아야 한다. 그러려면 반드시 해야 할 일이 있다. **자신이 만들어내는 상품을 사람들이 욕망하도록 잘 포장하고 광고하는 자본가를 잘 골라내 그 자본가의 주식을 사는 것이고 그 주식의 배당을 통해 우리의 진정한 삶을 사는 것이다.**

내가 너무 물질적인가? 아니다. 이 사실을 모르고 물질을 얻기 위해 시간을 쓰는 사람이 더 물질적이다.

27장.
투자는 미래를 보고 삶은 현재를 살자

나는 경쟁을 싫어한다. 그래서 미래에 대한 통찰을 즐긴다. 나는 현실주의자가 아니다. 몽상가에 가깝다. 몽상가는 미래를 꿈꾼다. 미래를 꿈꾸는 몽상가는 현재에 투자하지 않는다. 미래를 보고 투자한다. **미래를 보고 하는 투자는 현실과 충돌하지 않는다. 그래서 현실주의자들과 투자가 겹치지 않는다. 그러니 경쟁하지 않는다.**

사람들은 어떤 방식으로 부동산에 투자하는가? 길게 보고 투자할 것 같지만, 현실은 그렇지 않다. 대부분 단타를 노린다. 올해 얼마를 벌까 고민한다. 완벽하게 현실주의자들끼리의 싸움이다.

경매를 예로 들면, 남들보다 더 높은 금액을 쓰던지 아니면 낮은 금액을 써서 수십 번의 응찰을 해야 한다. 그러면 몸이 힘들다. 그러다 안 되면 유치권, 법정지상권, 선순위 세입자, 가처분 등 경매사이트의 빨간 글씨란 빨간 글씨는 죄다 찾아 응찰한다. 그리고 이를 블루오션이라 한다.

하지만 아니다. 그것도 현실주의자들과의 싸움이다. 그러니 몸이 괴롭다. 세입자랑 싸워야 하고 위장임차인과 싸워야 하고 가처분자와 싸워야 하고 유치권자와 싸워야 한다. 그런데 어떻게 블루오션인가? 레드오션 중에서도 절대 레드오션이다.

그렇다면 어떻게 해야 하는가?

서울 내에서 재개발이 될 만한 부동산을 찾아 투자해야 한다. 물론 아직은 재개발의 '재'자도 안 나오는 부동산이어야 한다. 그러면서 분양가가 높은 지역이어야 한다. 그래야 나중에 추가부담금이 안 생기며, 건설업자들도 이런 곳에서는 아파트를 더 짓고 싶어 한다. 이유는 사람들이 선호하는 지역이기 때문이다.

그러나 사람들은 당장 재개발 구역이 아닌 부동산은 사지 않는다. 경쟁자가 없는 블루오션임에도 불구하고 사려는 사람이 거의 없다.

재개발의 중요한 핵심은 20년 이상 된 노후 건축물이 50% 이상일 때다. 그런 곳은 20년 후에는 얼마든지 넘쳐날 것이라는 예상을 할 수 있다. 그런데 재개발의 핵심 내용은 모르면서 경매로 빨간 글씨만 찾아 헤매고 물건을 두고 싸움이 나며 사놓고도 골치가 아프다. 현실주의자들끼리의 충돌이다.

대한민국 부동산은 단기적으로는 최고의 피크를 달리겠지

만, 장기적으로는 그러니까 10년 후부터는 나빠질 것이다.

그러니 남들과 싸우지 않는 해외주식이나 국내주식 중에서도 세계적으로 경쟁력 있는 기업을 찾아 투자하면 된다. 4차 산업혁명과 관련된 주식이나, 전세계 주요 선진국이 늙어가고 있으니 바이오 주식이나, 중국이 1인당 GDP 2만 달러를 열면 중요해질 중국내수 주식이나, 인간의 욕망을 자극하는 욕망에 관한 주식 등에 장기적으로 투자하면 된다.

그러나 현실주의자들은 사고팔기를 반복하며 이러한 미래가 있는지 궁금해 하지도 않는다. 지금 당장의 수익실현에만 관심을 둔다. 주식은 사서 모아가야 하는 생산수단이다. 토지와 개념이 비슷하다. 그런데 오늘의 수익에 열을 올리느라 계속해서 사고팔면서 남들과 치열하게 경쟁한다. 주식판이야말로 매순간이 현실주의자들끼리의 충돌이다.

미래를 바라보며 하는 투자에는 경쟁이 없다. 우아하게 투자하며, 미래를 꿈꾸고 설계한다. 이런 투자를 하려면 전업투자자여서는 곤란하다. 전업투자자는 생활비를 벌어야 하기 때문에 장기적인 사고가 불가능하다. 수익이 나면 빨리 팔아서 생활비에 써야 한다. 주식이나 부동산이나 마찬가지다. 그래서 전업투자자들 중에는 부자가 드물다.

투자에서는 전업투자자보다 월급쟁이가 훨씬 유리하다. 월급으로 번 돈 중 일부를 투자할 수 있기 때문이다. 무엇보다 '장기투자'라는 무기를 활용할 수 있다. 따라서 월급쟁이는 반드시 여유자금을 모아 생산수단을 사모아야 한다. 경쟁자가 없는 미래를 꿈꾸는 투자를 하라는 말이다.

반면, 삶은 현재를 바라봐야 한다.

좋은 삶은 우리의 궁극의 목표다. 투자와 달리 좋은 삶은 지금 당장 결실을 맺을 수 있다. 하고 싶은 대로 지금 하면 되니까 말이다. 그러나 대부분의 사람들은 어떤가? 좋은 삶을 꿈꾸면서도 '목표를 이룬 후'라는 단서가 항상 붙는다. 그 목표는 대부분 돈이다.

'10억을 모으면 그때 무엇무엇을 하겠다!'

정말 10억을 모았다고 가정하면 그때는 무엇을 하고 싶은가? 가족에게 잘 하는 사람이 된다거나, 평소 해보고 싶었던 일을 하겠다고 대답한다. 그런데 조금만 생각해 보면 지금 당장 할 수도 있는 일들이다.

우리의 삶은 찰라와 같아서 눈만 한 번 깜빡해도 50년이 훌쩍 지나가 버린다. 아직도 기억에 생생한 일들이 믿어지지 않을 만큼 오래 전에 일어났던 일이 돼버린다. 시간은 우리를 기다려주지 않고 이처럼 빠르게 흘러가는데, 우리는 목표를 정하고 그 목표를 이루느라 시간을 흘려보낸다. 너무나 아까워서 단 1초도 남에게 주기 싫은 귀중한 시간인데도 불구하고 말이다.

마치 마음의 짐처럼 '이제는 가족에게 잘 하고 싶다'는 생각이 드는가?

그렇다면 오늘부터 행동하면 된다. 회식을 물리고 집에 일찍 들어가는 것이다. 그래서 아이와 크리스마스 트리를 만들고 캐롤을 들으면 된다. 공부를 힘들어 한다면 같이 고민하고 같이 공부하며 돌파구를 찾으면 된다.

그런데 매일 술 마시고 주말이면 골프 치고 친구 만나고 야근하면서

12월 24일에 모든 것을 쏟아부으려 한다. 그러나 12월 24일에는 사람들도 몰리고 음식값은 비싸며 차는 막힌다. 게다가 야심차게 준비한 그날에는 꼭 무슨 일이 생긴다. 설령 약속을 잘 지켰다 해도 그 자리가 익숙하지 않고, 상상한 것만큼 서프라이즈한 시간으로 만들기도 어렵다.

만약 저녁을 같이 먹은들 머리 다 큰 아이들과 대화는 제대로 될까? 평소 아이들과 함께 보낸 시간이 없으면 아마도 아이들은 식사시간 내내 스마트폰을 보며 앉아 있을 것이고, 더구나 가족모임 때문에 친구들과의 약속이 펑크 나는 바람에 뿔이 단단히 나 있을 것이다.

'10억을 모으면 무엇을 하겠다'는 다짐은 정말 공허한 목표다. 지금 무엇을 해야 한다. 작은 것부터 시작하면 된다. 아내를 위해 설거지, 청소, 빨래 개기를 하면 가정에 작은 행복이 깃든다. 아이들을 위해 아이들과 함께 역사를 외우고, 시험공부를 도와주고, 오늘 있었던 아이들의 이야기를 들어주면 아이들과의 거리는 한 뼘 가까워진다. 고급 레스토랑에 가는 것만이 가족의 행복을 확인하는 길이 아님을 알아야 한다.

내가 하고 싶은 일을 하고 싶은가?

그것은 돈을 많이 벌거나 성공적으로 은퇴를 해야만 가능한 일이 아니다. 현재 하고 싶은 일을 조금씩 찾아 하는 것이다. 저마다 꿈은 다르지만 지금부터 준비할 일은 분명히 있다. 나중에 돈을 벌어 한 번에 하고 싶겠지만 불가능한 일이다. 준비가 없다면 말이다.

그래서 우리는 현재를 살아가야 한다. 투자는 미래를 보고 하며 삶은 현재를 살아가야 한다.

28장.
가장 비싼 곳을 사는 것이 가장 좋은 투자다

임장의 사전적 의미는 '어떤 일이나 문제가 일어난 현장에 나옴'이다. 부동산 투자 격언인 '발품을 팔아라'와 같은 말이다. 중개업법에 나오는 임장은 '집을 사기 전 대상지를 여러 번 방문하고 주변 환경을 살펴보는 것'을 뜻한다. 법원 경매에서도 물건 조사나 답사 활동을 임장으로 표현한다.

임장을 하는 이유는 좋은 곳을 찾기 위해서이다. 좋은 곳이란 부동산 가격이 많이 오르는 곳이지 살기 편한 곳이 아니다. 요즘은 도시화로 인해 웬만하면 살기 좋고 편하다.

신도시에 살기 너무 불편한가? 재래식 화장실에 집이 좁고 초가집인가? 그럴 리 없다. 훨씬 넓은 평면에 탁 트인 배경과 좋은 공기까지, 서울이 아닌 수도권 그리고 지방이 살기에는 더 좋다. 그러나 오르지 않는다.

우리는 가격이 오를 곳을 찾기 위해 임장을 하지만, 사실은 임장을 할 필요가 없다. 왜냐하면 좋은 곳 다시 말하면 오를 곳은 이미 정해져 있기 때문이고 그것을 나라에서 손수 발표까지 하기 때문이다. 투기과열지구, 투기지역, 조정지역 말이다.

규제가 센 순서대로 얘기하자면 투기지역 > 투기과열지구 > 조정지역이 좋다. 왜냐하면 규제가 센 만큼 많이 올랐기 때문이다.

그런데 왜 좋은 곳을 찾으려고 임장을 다닐까? 투자금이 부족하기 때문이다. 돈이 모자라니 임장을 다녀야 하고 임장을 다녀서 가성비 좋은 곳을 찾아야 한다. 가성비란 내가 가진 돈 대비 많이 오를 곳이다. 그래서 교통여건이 좋아지는지 대규모 산업단지가 근처에 있는지 학군은 어떤지 앞으로 좋아질 호재는 무엇인지를 보는 것이다.

그러나 이래서는 오를 리가 없다. 오를 것이라는 희망과 자기 위안만 있을 뿐이다. 마치 기업의 재무제표를 보는 것과 같다. 재무제표가 좋다고 좋은 기업은 아니다. 아니 좋은 기업은 맞지만 주가가 많이 오르지 않으면 투자자에게는 좋은 기업이 아니다. 투자자에게 좋은 기업은 가성비 대비 많이 오를 기업, 꾸준히 많이 오를 기업이다.

이런 기업은 따로 있다. 원래 우리가 알고 있는 기업이다. 우리가 많이 먹는 패스트푸드가 무엇인지, 우리가 많이 타는 자동차가 무엇인지, 우리가 많이 사용하는 문구가 무엇인지, 우리가 많이 사용하는 공구가 무엇인지, 우리가 많이 사용하는 인터넷이 무엇인지, 우리가 많이 사용하는 컴퓨터가 무엇인지만 보더라도 좋은 기업은 널리고 널려 있으며, 그 기업들은 망하지 않고 꾸준히 오르며 그 기업만 사더라도 돈이 모자란다. 그런데도 우리는 재무제표를 뒤지며 좋은 기업을 찾아 헤맨다.

우리가 찾는 좋은 기업은 재무제표에 없다. 그리고 이미 알고 있다.

부동산이건 주식이건 우리가 딱 들어서 살고 싶은 곳 가지고 싶은 곳이 좋은 부동산, 좋은 기업이다.

예를 들어 내가 가고 싶은 대학은 스카이인데 내가 받은 점수로는 수도권이나 지방대를 가야 하기 때문에 열심히 대성학원에서 나온 배치표를 들여다보는 것과 같다. 왜 배치표를 볼까? 수능시험 전부 다 맞아서 만점이라면 서울대 의대를 가면 될 일인데 말이다. 그러나 내 수능성적은 처참하기 때문에 점수에 맞춰서 가야 한다.

부동산 투자도 마찬가지다. 내가 가진 돈이 1,000억 원이라면 어디 부동산을 사려고 고르지 않는다. 안 보아도 한남동이나 이태원의 단독주택가 아닌가? 그러나 내가 가진 돈에 맞춰서 사려고 하니 이것저것 따지는 것이다. 그러나 그렇게 따진다고 부동산이 오르지 않는다.

이렇게 물어보는 사람이 있다.

"서울 마포에 32평 아파트인데 OO동이고 XX아파트입니다. 역에서 200m 떨어진 곳이고요, 저층입니다. 흑석동에 32평 아파트인데 XX아파트이고 역에서 500m 떨어진 곳입니다."

여기서 그치지 않고 계속해서 여러 가지 정보를 나에게 준다. 그럴 때

나는 얘기한다.

"비싼 곳을 사세요."

왜냐하면 사람들은 이미 가격을 다 정해 놓았다. 아주 미세하고도 자세하게 말이다. 내가 묻지 않아도 층과 방향 그리고 역과의 거리, 아파트 브랜드, 동네 등을 다 따져서 말이다. 그런데 뭐 하러 고민하고 묻는가? 이미 가격에 다 나와 있는데 말이다.

좋은 것은 정해져 있으니 그것을 사자. 쓸데없이 발품 파느라 고생만 하지 말고 말이다. 다만 좋은 투자를 하고 싶어도 부동산은 돈이 없어 사고 싶어도 못 사는 경우가 많다. 그러나 주식은 다르다. 주식은 세계 1등 주식도 얼마든지 살 수 있다. 그래서 부동산보다 주식이 우량한 종목을 사기에는 좋다.

부동산 살 때 고민하지 말자. 그냥 내가 가진 돈에서 최고로 비싼 곳을 사면 된다.

29장.
미래 부동산 투자의 대세이자 대안, 셰어하우스 투자법

전세가가 높아 매매가에 육박한다는 이야기를 들어봤을 것이다. 단순히 전세를 끼고 매수를 하면 내 돈이 얼마 안 들어 괜찮겠다는 생각을 하는 것은 기존 투자의 틀에서 벗어나지 못한 개념이다. 전세가가 높은 아파트는 수도권까지 부지기수로 널린 상황이다. 그리고 전세를 끼고 매수를 하는 투자방법은 재개발로 이미 끝났고, 오피스텔 투자 이후로는 수익률로 투자하는 것이 대세이다. 그래야 가격이 오르면 팔 수 있고 가격이 횡보하거나 떨어져도 버틸 수 있기 때문이다.

서울에 있는 한 오피스텔을 보자. 매매가 2억에 방은 3개다. 1억8천만 원 정도까지 전세를 놓을 수 있다고 해서 전세를 끼고 샀다.

서울	낙찰가	보증금	취등록세	선투자금	실투자금
오피스텔	200,000,000	180,000,000	10,700,000	210,700,000	30,700,000

표를 보면 실투자금이 3천만 원까지 들어간 것을 알 수 있다. 이제 여기에 공유경제에 관한 키워드를 접목시켜 풀어보자. 바로 '셰어하우스'다.

셰어하우스는 일본에서 시작된 공유개념이다. 일본은 극단적인 1인 경제의 나라다. 사무실에서 일하다가 점심시간이 되면 직원들이 뿔뿔이 흩어져 각자 점심을 해결하고 돌아온다. 식당에서도 혼자 식사하는 사람들이 불편해 할까봐 도서관처럼 칸막이를 막아 혼자 먹어도 쑥스럽지 않도록 만들었다. 그런데 이런 나라도 외로움은 어쩔 수 없나보다. 외로움을 공유로 풀려는 사업이 성공했으니 말이다. 그것이 바로 셰어하우스다.

셰어하우스는 방이 많은 큰집에 사는 사람이 시작했다. 처음에는 저녁식사 자리에 주변에 사는 직장동료들을 자신의 집으로 초대하면서, 그들이 외롭다는 사실을 알게 되었다. 저녁에 함께 요리하고 수다 떠는 일상이 좋다는 사실도 알게 되었다. 그래서 원룸에 사는 직장동료들에게 원룸을 정리하고 자신의 집에서 숙식을 하라고 하고 자신의 방을 내줬다.

방 하나당 2명이 들어갈 수 있도록 하고 자신은 안방을 사용했다. 월세는 원룸 가격으로 받았다. 외국은 보증금의 개념이 약하다. 우리나라처럼 보증금을 몇 천만 원씩 내고 살지 않는다. 기껏해야 두 달 치 정도의 월세를 보증금으로 낸다. 그러니 우리나라에서 셰어하우스는 원룸과의 경쟁이 아니라 고시원과의 경쟁이다. 방 하나의 평수는 기껏해야 1평 아니면 2평을 넘지 않는다.

만약 위의 전세 오피스텔을 월세를 놓는 셰어하우스의 개념으로 바꾸고, 3개의 방에서 1개당 2명씩 살게 한다면 어떨까? 그리고 주변 고시원 시세 정도인 월 30만 원으로 책정한다면? 월 180만 원이 나온다. 그리고 보증금은 2명*방3개*60만 원(2달치)=360만 원이다.

그렇다면 이런 계산이 나온다.

서울	낙찰가	대출금(90%)	이자(4%)	보증금	취등록세
오피스텔	200,000,000	180,000,000	600,000	3,600,000	10,700,000

선투자금	실투자금	월세 6개	순이익금	수익률
30,700,000	27,100,000	1,800,000	1,200,000	44%

수익률은 44%가 나온다. 혹시 이렇게 안 되면 위에서 생각한 기존의 투자방식인 다시 전세를 놓고 빠지는 식으로 생각해야 한다. 셰어하우스는 최근 트렌드인 공유경제의 키워드와 부동산을 융합해서 통찰한 부동산 투자 방식이다. 방송 매체에서도 셰어하우스와 관련된 내용들이 더 자주 보도되는 것을 보면 일본에서 시작된 바람이 한국으로 넘어오고 있음을 실감한다.

현재 우리나라의 셰어하우스 현황은 어떨까? 처음에는 일본과 똑같은 셰어하우스가 들어와서 대학가에 자리 잡았다. 한 방에 2층 침대를 여러 개 놓고 방을 같이 쓰는 형태로 말이다. 모 셰어하우스 회사는 외국인과 한국인이 한 방을 쓰게 하여 서로 외국어를 배울 수 있도록 시스템을 만들었다.

그러나 벤처 중 W라는 곳이 이러한 상식을 깨고 다른 방식을 시작했다. 낡은 한옥을 리모델링해서 럭셔리하게 방을 꾸미고 테마를 잡았다. 예를 들면 요리를 좋아하는 사람들의 셰어하우스, 영화를 좋아하는 사람들의 셰어하우스처럼 말이다.

그리고 사람들을 모집한다. 방구하기 사이트인 P를 이용하기도 하고, 웹사이트에서 원룸 살면서 같이 방 쓸 사람을 구하는 섹션을 이용하기도 하고, 자체 광고를 하기도 한다.

모집은 직접 만나 면접을 본다. 면접을 보는 이유는 보증금이 따로 없기 때문에 그 사람이 제대로 된 사람인가 아닌가를 알아보기 위해서다. 그래서 그들은 대기업이나 상장기업 등에 다니는 사람들의 명함을 받고 계약서를 쓴다. 명함을 받는 이유는 직업이 확실하기 때문이다.

서울에서 고시원에 살고 있는 젊은 직장인들이 많다. 보증금 2000만 원이 없어서 원룸에 들어갈 수 없는 직장인들이다. 대신 직장은 누가 봐도 알 만한 곳이어야 한다. 그래야 혹시 월세가 밀리면 회사로 찾아갈 수도 있으니까 말이다. 이렇게 계약을 체결하면 월세가 밀리는 일은 거의 없다.

국내에서도 셰어하우스가 점차 알려지자 새로운 시도를 하는 곳이 나타났다. 아직 우리나라는 일본의 사토리 세대처럼 셰어하우스가 활성화되지 않았기 때문에 좀 다른 차별화 포인트가 있어야 한다. E셰어하우스는 주로 럭셔리한 역세권 주상복합 아파트를 셰어하우스로 꾸몄다.

왜 역세권 주상복합 아파트일까? 셰어하우스는 젊은 사람들이 주 대상층이다. E셰어하우스는 그 중에서도 40세 이하 여성전용으로 꾸몄다. 강남과 가까운 역세권 주상복합을 셰어하우스 임대를 위해 얻었다. 역세권인 이유는 젊은 직장인의 출퇴근 편의를 위해서, 주상복합인 이유는 전부 빌트인이 되어 있기 때문이다. 천정형 에어컨이나 붙박이장이 되어 있어 굳이 구조 변경 비용이 많이 들지 않고, 가구와 TV, 냉장고 등만을 집어넣으면 셰어하우스가 완성된다.

이곳은 한 방에 3명까지도 받아서 수익률을 극대화했다. 48평형 정도 되는 주상복합 아파트를 셰어하우스로 꾸며 방 2개는 2명을, 방 1개는 3명까지 잘 수 있도록 만들었다.

월세	분양면적	집주인보증금	인테리어비용	총투자비
셰어하우스	48.00	50,000,000	20,000,000	70,000,000
월세	보증금	인원	총보증금	실투자비
1,200,000	4,000,000	7	28,000,000	42,000,000
월임대료	총 임대료	실질임대료 (총임대료-월세)	수익률	
550,000	3,850,000	2,650,000	63%	

인테리어 비용은 2000만 원으로 잡았다. 침대부터 소파, 냉장고, TV 뿐만 아니라 그릇부터 수저까지 전부 살 수 있는 충분한 비용이라 추정된다. 월세를 얻어서 셰어하우스를 하는 것으로 가정하고 수익률 계산을 해보면, 실투자금 4200만 원을 들여 매월 265만 원을 벌어들이는 괜찮은 수익형 상품이다.

셰어하우스는 역세권 그것도 서울의 역세권이 유망하리라 전망된다. 앞으로도 셰어하우스의 타깃 소비자는 청년층이기 때문이다. 한창 일을 해야 할 그들은 직장이든 아르바이트든 출퇴근을 하려면 지하철을 이용할 확률이 크다. 따라서 지하철과 가까운 오피스텔, 주상복합 아파트, 나 홀로 아파트가 유망할 수밖에 없다.

향후에는 주거형 부동산의 개념도 많이 바뀔 것이다. 지금까지는 역세권이 아니어도 학군이 좋거나 대단지면 가격이 올랐고 가격도 비쌌다. 지하철에서 내려 마을버스를 타고 들어가야 하는데도 말이다. 하지만 은퇴자가 쏟아져 나오고 청년실업이 맞물리게 된다면 역세권 수익형 부동산이 더 각광 받을 수 있다. 게다가 주택연금 부동산과 셰어하우스를 접목시킨다면 노후에 자영업을 하지 않아도 좀 더 여유롭게 보낼 수 있지 않을까 생각된다.

〈셰어하우스 꾸미기의 예〉

30장.
서울 빌라와 역세권 투자법

서울 빌라의 부동산투자

월세	전용	평당 가격	매매가	대출금(90%)
	4.00	105,000,000	26,250,000	35,000,000
이자(4.3%)	보증금	취등록(1.1%)	선투자금	실투자금
125,417	75,000,000	2,155,000	72,155,000	−2,845,000
월세	순이익금	수익률		
	−125,417	44%		

전세	전용	낙찰가	평당가격
	5.27	92,570,000	17,565,465

보증금	취등록세(1.1%)	선투자금	실투자금
90,000,000	2,018,270	94,588,270	4,588,270

위 표의 투자 시기는 현재이다. 서울 빌라 투자의 핵심은 재개발이다. 이미 끝났는데 무슨 재개발이냐고 생각할 수도 있겠지만, 서울의 도심을 재개발하려는 이유는 분명히 존재한다. 오래된 도심을 리모델링하는 것은 어쩔 수 없는 대세다. 다만 2008년 금융위기 이후로 아파트 가격이 떨어져서 재개발 사업의 사업성이 나오지 않고 있기 때문에 잠시 미뤄진 것뿐이다. 용산 참사가 일어났던 재개발 구역도 다시 사업을 시작했다. 눈여겨 봐야할 대목은 언젠가는 다시 재개발이 되는 것이고 '얼마나 실투자금이 작은가?'와 '어느 지역을 사는가?'이다.

얼마나 실투자금이 적은가?

내 돈을 들이지 않고 사려면 지분이 작고 매매가가 작은 원룸을 사야 한다. 여기에는 두 가지 이유가 있다.

첫 번째는 언제 오를지 모르기 때문이다. 그러니 내 돈이 최대한 들지 않는 물건을 위주로 사야 하는데, 방 하나짜리와 방 두 개짜리는 각각 들어가는 가격이 많이 차이 난다.

방 하나짜리는 전세를 들이면 돈이 들어가지 않거나 1000만 원 정도 들어가는데, 방 두 개짜리는 최소 3000만 원 이상 차이가 난다. 따라서 적은 돈을 들이고 기다리는 편이 더 상책이다.

두 번째는 매매할 때 유리하기 때문이다. 실투자금이 적기 때문에 팔기 쉽고, 유사시에 빠져나오기도 쉽다.

어느 지역을 사는가?

마포, 용산, 강남, 강동 등 소위 한강 주변이어야 한다. 이 지역은 재개발 광풍이 불었을 무렵 가장 비싸게 팔렸던 곳들이다. 그중에서도 마포, 용산지역은 한강변을 끼고 있는 지역 중 유일하게 아파트 단지가 없는 지역이다. 한강변을 끼고 조망이 가능해야 아파트로써 투자성이 생긴다.

이 지역들은 작은 평수 기준으로 대지 지분당 마포는 5000만 원, 용산은 7000만 원까지 올랐다. 현재는 올랐을 당시에 비해 반 정도의 가격이다. 그래서 월세를 놓건 전세를 놓건 간에 부담 없는 가격으로 살 수 있다.

이는 사놓고 버티는 투자다. 그러다가 향후 서울 도심재개발 바람이 분다면 때를 봐서 파는 전략을 취할 수도 있다.

서울의 역세권 부동산투자

전세	전용	매매가	평당 가격
오피스텔	31.00	155,000,000	5,000,000

보증금	취등록세(4.6%)	선투자금	실투자금
145,000,000	7,130,000	162,130,000	17,130,000

위 표의 투자 시기도 현재이다. 투자에서 핵심은 실투자금이 적게 들어야 한다는 점이다. 당장 셰어하우스를 할 수는 없으니 말이다. 지금도 셰어하우스를 하는 곳은 있으나, 집을 구매하여 셰어하우스를 하는 것보다는 임대로 셰어하우스를 하는 편이 더 좋다. 그래야 적은 돈으로 수익률이 잘 나온다.

그럼 왜 역세권 부동산을 사야 할까? **앞으로는 학군수요가 좋은 대단지보다는 역세권이 더 유망하다. 나 홀로 아파트, 오피스텔, 주상복합 아파트를 포함해서 말이다.** 지금까지 주목 받았던 주거용부동산은 학군이 좋은 대단지 부동산이었다. 그러나 앞으로 1,2인가구로 재편이 되고 청년실업이 심해지면서, 수익률이 좋은 월세 부동산이 더 필요해지는 상황이다. 반면 기존 부동산은 학생 수의 감소로 그 장점이 줄어들게 된다.

교통이 나쁘면서 고지대에 있는 대단지 부동산이 역세권 부동산보다 비싼 것이 현실이다. 그러나 앞으로는 은퇴하는 노인인구의 비율이 높아지면서 수익성 좋고 공실 없는 역세권부동산이 더 주목받을 것이다.

우리나라가 일본과 비슷한 불황이 온다는 가정 하에, 가장 타격을 덜 받을 종목이고, 임대소득을 비롯해서 셰어하우스, 주택연금과 같은 여러 가지 임대상품으로의 변형도 가능하다.

31장.
3기 신도시에 관하여

집값 떨어지는 곳에 또 신도시…"강남 수요 분산하기엔 역부족"

'3기 신도시' 남양주 왕숙·하남 교산·인천 계양 선정

남양주·인천 계양 아파트 값 올들어 하락…'공급폭탄' 우려

서울 도심까지 30분이라지만…교통망 구축까진 아직 먼길

과천 '미니 신도시급' 7000여가구…4곳 중 입지 가장 좋아

국토교통부는 19일 '2차 수도권 주택공급 계획'에서 남양주 왕숙, 하남 교

산, 인천 계양 등 3곳에서 대규모 택지를 공급하기로 했다고 밝혔다. 또 과천에서 중규모 택지 1곳을 공급하기로 했다. 3개 신도시와 1개 미니 신도시(총면적 2273만㎡)에서 12만2000여 가구를 공급하는 것이다. 총면적은 위례신도시의 3.4배, 공급가구 수는 평촌신도시의 2.9배에 이른다. 내년 하반기 지구 지정을 완료하고 2020년 지구계획을 수립한 뒤 2021년부터 주택 공급을 시작할 예정이다.

"강남 주택수요 분산 미흡"

"공급 초과지역에 또 신도시"

_2018년 12월 19일자 한국경제

3기 신도시가 발표되었다. 남양주 왕숙·하남 교산·인천 계양이 선정되었다. 위치는 과천을 빼고는 2기 신도시와 엇비슷하게 멀다고 보면 된다. 3기 신도시로 서울의 수요를 대체할 수 있다고는 볼 수 없다. 왜냐하면 기존 신도시의 재판이기 때문이다. 서울에 공급을 늘려야 서울의 집값을 잡는데 이렇게 신도시만 늘린다면 오히려 수도권 공급 폭탄으로 수도권의 구도심에 아파트를 가진 사람들만 손해를 보게 생겼다.

나의 기존 입장은 '대한민국의 땅값은 오르지 않는다'였다. 왜냐하면 세계화 때문에 공장은 해외로 이전하고 국내의 상황도 인건비, 노조, 제도 등 사업하기 쉬운 상황이 아니기 때문이다. 실제 많은 기업들이 동남아 등지로 공장을 옮기고 있다.

하지만 기존의 내 입장을 수정하고자 한다. **통일이 되지 않더라도 수도권 택지는 오르게 되어 있다. 왜냐하면 서울은 공급을 막고 수도권은 지속적으로 택지개발을 하기 때문이다. 그래서 수도권 땅 투자는 유망하다고 생각한다.**

문제는 정책의 일관성이다. 서울은 옥죄고 집값이 급등하면 수도권에 신도시를 발표하는 식으로 대책을 꾸리는 것 말이다. 그러면 수도권에만 공급이 늘어난다. 그리고 수도권 공급이 늘어나 기존의 구도심 아파트 소유주는 재산상 손실을 입은 상태가 되었을 때 서울에서 재개발, 재건축 등으로 공급을 늘리는 경우가 있을 수 있다. 그러면 문제가 된다. 그 때는 직장이 많은 서울에 대규모 공급폭탄이 떨어져 수도권에 기존 신도시까지 집값이 빠지는 역효과가 나올 수 있다.

지금이라도 수도권은 오히려 공급을 억제하고 서울의 공급을 늘려 수요를 읽는 편이 낫지 않을까 생각한다.

참고도서

오래된 집 무너지는 거리

주택 과잉사회 도시의 미래

저자 노자와 치에 | 역자 이연희 | 흐름출판 | 2018.04.20

원제 老いる家崩れる街 住宅過剰社會の末路

부동산 왜? 버는 사람만 벌까

정책에 흔들리지 않고 고수익을 부르는 부동산 투자의 핵심

심교언 지음 | 매경출판 | 2017.10.10

지방소멸

인구감소로 연쇄붕괴하는 도시와 지방의 생존전략

저자 마스다 히로야 | 역자 김정환 | 와이즈베리 | 2015.09.05

원제 地方消滅 東京一極集中が招く人口急減

앞으로 10년, 대한민국 부동산

1판 1쇄 발행 2019년 2월 10일
1판 19쇄 발행 2022년 12월 23일

지은이 김장섭(조던)
펴낸이 박현
펴낸곳 트러스트북스

등록번호 제2014-000225호
등록일자 2013년 12월 3일

주소 서울시 마포구 서교동 성미산로2길 33 성광빌딩 202호
전화 (02) 322-3409
팩스 (02) 6933-6505
이메일 trustbooks@naver.com

값 16,000원
ISBN 979- 11-87993-57-5 03320

믿고 보는 책, 트러스트북스는 독자 여러분의 의견을 소중히 여기며,
출판에 뜻이 있는 분들의 원고를 기다리고 있습니다.